食品安全系列

安全买菜经

·水产篇·

钟纯怡·编著

四川人民出版社

图书在版编目（CIP）数据

安全买菜经. 水产篇 / 钟纯怡编著. –– 成都：四
川人民出版社, 2017.11
　　ISBN 978-7-220-10592-0

　　Ⅰ. ①安… Ⅱ. ①钟… Ⅲ. ①水产品—选购—基本知
识 Ⅳ. ①F768.2

　　中国版本图书馆CIP数据核字(2017)第282167号

ANQUAN MAICAI JING SHUICHAN PIAN

安 全 买 菜 经 ： 水 产 篇

钟纯怡　编著

责任编辑	韩　波
责任校对	林　泉
责任印制	许　茜
装帧设计	深圳市金版文化发展股份有限公司
出版发行	四川人民出版社（成都市槐树街2号）
网　　址	http://www.scpph.com
E-mail	scrmcbs@sina.com
新浪微博	@四川人民出版社
微信公众号	四川人民出版社
发行部业务电话	（028）86259624　86259453
防盗版举报电话	（028）86259624
图文制作	深圳市金版文化发展股份有限公司
印　　刷	深圳市雅佳图印刷有限公司
成品尺寸	173mm×243mm
印　　张	10
字　　数	150千
版　　次	2018年2月第1版
印　　次	2018年2月第1次印刷
书　　号	ISBN 978-7-220-10592-0
定　　价	36.80元

CONTENTS

目录

河鲜、海鲜安全吃

淡水鱼类

Part
3

海水鱼类

虾蟹贝类

其他水产

Part
1

河鲜、海鲜安全吃

河鲜、海鲜种类多样，
营养丰富，味道鲜美，深受人们喜爱，
可以说，河鲜、海鲜都是宝。
既然河鲜、海鲜对我们如此重要，
那么，我们该怎样吃水产，
才能吃得健康又美味呢？

食品的安全标准

食品标准是食品行业中保证食品安全的规范要求，涉及食品领域的方方面面。正是这些标准才保证了我们能吃到放心的食品。可以说食品标准和食品安全有着不可分割的联系，食品标准是食品安全的保证。

1. 食品标准的分类

按照国家规定，地方和行业可以制定自己的标准，但不能低于国家标准，且要向有关部门备案。当新的国家标准出台后，地方标准或者行业标准也要进行相应的改变或废止。为了更好地区分、执行，食品标准可按性质或内容分类。

按性质分类 → 国家标准和行业标准分为强制性标准和推荐性标准。食品卫生标准就是强制性标准，因为食品是否卫生直接关系到消费者的健康；还有一些出口的大宗食品，其标准也是强制性的。

按内容分类 → 从内容上，食品标准包括食品卫生标准、食品工业基础及相关标准、食品检验方法标准等。此外，还有食品企业卫生规范也在食品标准中，主要围绕预防、控制和消除食品的微生物和化学污染，保证食品卫生质量为宗旨，涉及工厂的选址、生产环境、工人的个人卫生、设施卫生、废水废物的处理等。

2. 食品标准规定的内容

我国食品卫生标准分为感官指标、理化指标和微生物指标三个部分，但并非所有的食品卫生标准都有这三项指标。

感官指标

　　感官指标是描述和判断食品质量最直观的指标，一般食品的感官特性分为五类：（1）外观，包括颜色、透明度、大小、形状、表面质地、碳酸饱和度；（2）气味；（3）黏稠度和质地；（4）风味、化学感觉；（5）声音。

理化指标

　　理化指标是食品卫生中非常重要的部分，包括食品中金属离子和有害元素的限定，如铅、汞、砷等，以及农药残留和放射性物质的量化指标等都是食品理化指标中重要的内容。当然，根据食物的不同，需要检查的指标也不同。

微生物指标

　　微生物指标通常是指食品中菌落总数、大肠菌群和致病菌三项指标，有的食品中还有真菌指标。菌落总数是指食品检样经过处理，在一定条件下进行培养，培养后所得的检样中所含的细菌菌落的总数，可用来判断食品受污染的程度。食品卫生标准中一般要求不准检查出致病菌，以此确保食品的安全。

　　食品标准的内容还包括食品原辅料的要求、检验方法、标志包装、运输等。

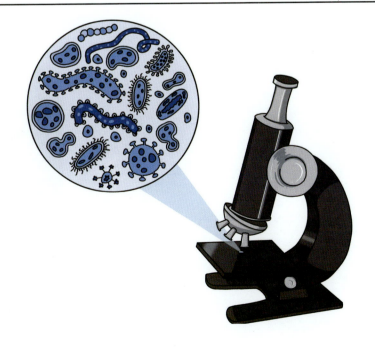

河鲜、海鲜营养大盘点

河鲜、海鲜包括鱼类、甲壳类、藻类等水生经济动植物，如鱼、虾、蟹、蛤蜊、海参、海蜇、海带等，它们是蛋白质、脂肪、矿物质和维生素的良好来源，为营养价值较高的优质食品，属于人类日常生活中最常见的副食品之一。

1. 蛋白质

河鲜、海鲜的肌肉中蛋白质含量在15％～20％，干品肌肉中蛋白质高达80％～90％。河鲜、海鲜中蛋白质的必需氨基酸构成与人体很接近，营养价值高。

2. 不饱和脂肪酸

河鲜、海鲜富含有益血管的不饱和脂肪酸。不饱和脂肪酸熔点较低，通常呈液态，人体的消化吸收率为95％左右。不饱和脂肪酸特别是深海鱼肉，其中不饱和脂肪酸的含量高达70％～80％。

3. 维生素

河鲜、海鲜含有丰富的维生素A、维生素D、维生素E、维生素B_1、维生素B_2、维生素B_{12}，尤其是脂溶性维生素A和维生素D的含量极高。

4. 矿物质

鱼类中矿物质的含量稍高于肉类，为1％～2％。特别富含碘，海产鱼类碘含量约为50～100微克/100克，而一般淡水鱼碘含量约为5～40微克/100克。

吃鱼必吃的三个部位

鱼肉具有营养丰富、口感好和易于消化吸收等优点。爱吃鱼的人很多，但是除了吃鱼肉以外，鱼还有很多部位常常被人遗忘，其实，它们不止味美，营养也毫不逊色。

1. 鱼脑

鱼脑中含有丰富的不饱和脂肪酸和磷脂类物质，这些物质有助于婴儿大脑的发育，并具有辅助治疗老年痴呆症的作用。鉴于鱼脑中也含有较多的胆固醇，因此不宜多吃。

2. 鱼眼

鱼眼中含有丰富的维生素B_1及二十二碳六烯酸（DHA）和二十碳五烯酸（EPA）等不饱和脂肪酸。这些营养物质可增强人的记忆力和思维能力，降低人体内胆固醇的含量。因此，经常用脑的人可常吃鱼眼。

3. 鱼骨

鱼骨中含有丰富的钙质，具有防治骨质疏松的作用，因此处于生长期的青少年和骨骼开始老化的中老年人应多吃鱼骨。可是，很多人都因为不会烹制鱼骨而将其扔掉。其实，鱼骨的烹制方法有很多。例如，可以将鱼骨晒干、碾碎，和肉馅一起做成丸子食用；也可以在炖鱼时多放一点醋，并使用高压锅进行炖煮，这样可使鱼骨软化，方便直接食用。

影响河鲜、海鲜安全的常见因素

影响食品安全的因素大体有三大类，其中，目前比较突出的是污染物的有害作用。例如病原体污染食物，化学性物质污染食物，粮食霉变产生的食品霉菌（真菌）毒素对食物的污染，以及食品加工中滥用添加剂甚至非法添加不允许添加的物质对食品的污染等。

1. 食品添加剂

食品添加剂是指为改善食品品质和色、香、味，以及为防腐、保鲜和加工工艺的需要而加入食品中的人工合成或者天然物质。

过量的食品添加剂对人体有害。世界上所有物质的毒性都是相对而言的。就是说，同一种化学物质，使用剂量、对象和方法的不同，其产生的毒性就可能不同。比如说有些药物在一定剂量内是治病的良药，但若是用多了，就可能成为毒药。

2. 天然毒素

除害剂、兽医药物或环境污染物等人造化学物是食物供应中由外而至的东西，但天然毒素则不同，它是食物内已有的东西。天然毒素存在于一些植物及动物源性食物内，人们若吃下足够的分量可能会造成不良影响。

食品加工处理不当。如对含有天然毒素的食品处理不当，不能彻底清除毒素，则食用后会引起相应的中毒症状。例如河豚等如果处理不当，少量食用亦可引起中毒。

3. 污染物

水产品中的污染物包括化学性污染物、生物性污染物以及放射性污染物。

化学性污染物

化学性污染物包括金属，如铅、汞、砷和镉等。近年海洋污染严重，贝类和鱼类的体内已经成为了重金属汞、砷的"聚居地"。尤其是近海养殖的鱼类更糟糕，如带鱼、黄鱼等。建议大家尽量吃远洋的深海鱼，如鲅鱼、沙丁鱼等。吃鱼要挑个头小的，每天不超过一种，且少于100克；不吃或少吃鱼头、鱼皮、内脏、鱼卵和鱼翅，因为这些部位很容易藏匿重金属。

生物性污染物

生物性污染物指有害的细菌、霉菌、寄生虫、媒介昆虫等。水产品在生产、加工、储存过程中都有可能受到生物性污染物的污染。

放射性污染物

主要来自放射性物质的开采和冶炼以及核泄漏造成的水产品污染。

水发水产品中常见的问题

水发水产品由于营养价值较高，深受人们的喜爱。但是有一些不法商贩，为了使这类产品看起来外观鲜亮、形状饱满、光泽好，或者为了延长保质期等，故意在水发水产品中加入工业双氧水（漂白）、工业氢氧化钠（发泡）和福尔马林（防腐）等工业化学制剂，这样会严重危害人体健康。

1. 化学制剂过量使用的危害

这类化学制剂的不正当使用会引起一系列身体损害。

可致人体遗传物质损伤，引起基因突变，可致动物患癌。因此，对人类可能会产生致癌的威胁。

可造成老年痴呆，尤其是与早老性痴呆的发生或发展关系密切。此外，还和帕金森病、脑卒中、动脉硬化及糖尿病肾病的发生密切相关。

2. 各种化学制剂的具体使用

双氧水适用于海参、海蜇和鱿鱼等水产品中。但是需要严格注意双氧水的用量，液体样品为0～300毫克/升，固体样品为0～3000毫克/千克。检出限5毫克/升以内。在食品加工中禁止使用工业双氧水。

甲醛可以改变一些食品的色感并有防腐作用，如在水产品中使用微量的甲醛不会造成危害，如鳕鱼肉13~48毫克/千克，属在合理范围。但是有一些不法分子会在水发水产品中非法加入甲醛，或者过量使用甲醛，这样会对身体造成很大的伤害。

水产品中的孔雀石绿

孔雀石绿，一出现就被"誉为"苏丹红接班人的致癌染料，在被不法商家大量用于水产品后，引发了广大媒体和公众的极大关注。

1. 孔雀石绿在水产品中的非法使用

孔雀石绿是有毒的三苯甲烷类化学物，既是染料，也是杀菌和杀寄生虫的化学制剂，可致癌。本品针对鱼体水霉病和鱼卵的水霉病有特效，现市面上还暂时没有能够短时间内解决水霉病的特效药物，这也是为什么这个产品在水产业禁止这么多年还禁而不止，水产业养殖户铤而走险继续违规使用的根本原因。

除了对水霉病有特效外，孔雀石绿也可以很好地用于鳃霉病、小瓜虫病、车轮虫病、指环虫病、斜管虫病、三代虫病，以及其他一些细菌性疾病。农业部已将孔雀石绿列为水产上的禁药，不过非食用的观赏鱼还可以使用。

2. 孔雀石绿对人体健康的影响

孔雀石绿中的三苯甲烷具有"三致"（致癌、致畸、致突变）作用。2002 年，农业部已将其列入禁用药物清单，禁止用于所有食品中。孔雀石绿是一种慢性毒药，一旦摄入人体，不易排出体外，而是长久地残留在体内，对人体造成储积式的危害。一旦体内的孔雀石绿达到一定界限，就可能引发各种疾病，而且，长期食用孔雀石绿具有潜在的致癌风险。

巧妙识别有毒海鲜

有些海鲜看起来十分漂亮诱人，但是，漂亮的外表之下有时候其实隐藏着很多你不知道的秘密，这些有可能危害你的健康。只有清楚地认识到这些潜在的危险，才能购买到健康的海鲜食物，让家人吃得安心，吃得健康。

1. 一眼看出鱼是否受污染

鱼类富含多种营养素，相对于牛肉、猪肉等红肉，鱼类更加受欢迎。但是，由于水污染的日益严重，鱼类食材的选购也成为一项重要的事，只有挑对食材，才能享受健康。那么，如何区分正常的鱼和受污染的鱼呢？其实，三招就可以分辨出鱼的优劣。

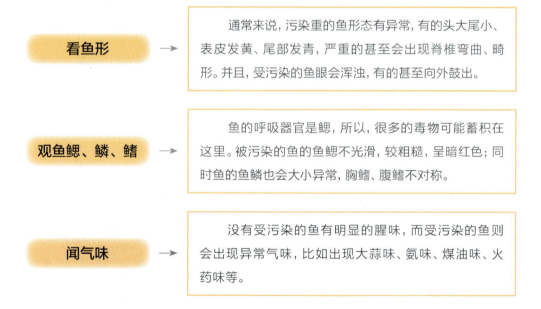

看鱼形 → 通常来说，污染重的鱼形态有异常，有的头大尾小、表皮发黄、尾部发青，严重的甚至会出现脊椎弯曲、畸形。并且，受污染的鱼眼会浑浊，有的甚至向外鼓出。

观鱼鳃、鳞、鳍 → 鱼的呼吸器官是鳃，所以，很多的毒物可能蓄积在这里。被污染的鱼的鱼鳃不光滑，较粗糙，呈暗红色；同时鱼的鱼鳞也会大小异常，胸鳍、腹鳍不对称。

闻气味 → 没有受污染的鱼有明显的腥味，而受污染的鱼则会出现异常气味，比如出现大蒜味、氨味、煤油味、火药味等。

2. 甲醛或双氧水处理过的水产品

经过甲醛或者双氧水处理的水产品往往颜色鲜亮，表面的黏液减少，看起来很漂亮。很多不法商贩会利用它们使自己的产品更好销售，但是实际上这种处理过的水产品会危害人体健康，那么，如何鉴别呢？

看外表	→	经过甲醛或者双氧水浸泡的海鲜可以通过一些细节来观察。比如海蛎在浸泡过这些溶液后，身上附着的黏液会减少，皱褶清晰可见，并且汤水不浑浊；鱿鱼浸泡过后则会更加鲜亮，表面的黏液减少。
闻味道	→	正常的海鲜都有一点腥味，但是经过这种溶液浸泡的海鲜，仔细闻一下，会有一股类似医院的药水味。
摸手感	→	经过溶液浸泡的海鲜捏起来会比较硬实，没有弹性。如鱿鱼、海蛎会变得光滑且无黏感，虾类则会变得又硬又脆，容易断碎。
比价格	→	价格太过便宜的水产品很有可能经过这些溶液处理。

3. 海带选择有秘诀

一般海带的颜色是褐绿色，或者深褐绿色。通常情况下新鲜海带经开水烫后，再晾干处理，颜色也应该是灰绿色的。而经过化学品处理的海带颜色特别绿，肥肥的，还很光亮。

怎样远离河鲜、海鲜中的天然毒素

品种繁多的鲜美海产品，一想起来就让人胃口大开。那么在品尝之前，先让我们了解一下河鲜和海鲜中蕴含的天然毒素，再继续享受健康的美味。

1. 河豚

河豚鱼体内有河豚毒素，又称河豚酸。河豚毒素毒性很强，成人吃1～2毫克纯河豚毒素就可能致人死亡，曾有误食10克河豚肝脏就造成死亡的报道。那么河豚毒素中毒的典型表现是怎样的呢？

1	第一阶段，唇、舌和手指有轻微麻痹和刺痛感，这是中度中毒的明显征兆。
2	第二阶段，唇、舌及手指逐渐变得麻痹，但存在知觉，随即发生恶心、呕吐等症状。
3	第三阶段，出现说话困难、运动失调、肢端肌肉瘫痪。
4	第四阶段，知觉丧失，呼吸麻痹而导致死亡。

在我国，河豚鱼主要分布在沿海河口地带，如广东、福建等地。所以，这些地区的渔民和到这些地方的打工者不要捕捞和食用河豚鱼，还要特别注意学会识别河豚鱼，以防误食。

如果发现有人因食用河豚鱼而中毒，应立即对其采取催吐措施，同时要紧急呼救，尽快将中毒者送医院救治。

2. 海鱼

食用海产鱼类中的青皮红肉的鱼类，如鲐鲅鱼、柳鱼、竹荚鱼、金枪鱼等可能引起中毒。因为这些鱼体中含有较多的组氨酸，鱼不新鲜时组氨酸可分解成组胺，组胺可使人中毒。

吃海鱼中毒有哪些表现

中毒者可在食入不新鲜的鱼后2小时出现呼吸紧促、心跳加快、头晕、恶心、呕吐和腹泻，且常伴有头痛、皮肤刺痛、发红或荨麻疹等症状。

> 肚子好痛！

不宜和海鱼同吃的药物

食用含组氨酸多的海鱼时不宜同时服用一些药物。例如治疗抑郁症的苯乙肼、异唑肼、异丙肼、苯环丙胺、吗氯贝胺、溴法罗明、尼亚拉胺、托洛沙酮、德弗罗沙酮，治疗帕金森病的司来吉兰，治疗高血压的优降宁，抗菌药物呋喃唑酮、灰黄霉素，抗结核药异烟肼，抗肿瘤药物甲基苄肼等。

如何烹调海鱼可避免中毒

不新鲜的鱼才会产生组胺毒素，所以不要吃不新鲜的鱼，特别是海产鱼类中的青皮红肉的鱼类。食用鲜、咸的青皮红肉类鱼时，烹调前应去内脏，洗净，切断后用水浸泡几小时；应采用红烧或清蒸、酥焖的方式烹调，不宜油煎或油炸；可适量放些雪里蕻或红果，烹调时加醋，使组胺含量下降。

①去内脏，洗净。

②将海鱼切成段，备用。

③用水浸泡几小时。

④采用红烧或清蒸，不宜油煎或油炸。

3. 贝类

吃贝类引起中毒往往与水域中有毒的藻类大量繁殖、集结形成所谓的"赤潮"有关，因为贝类生物吃进这些藻类后，藻类的有毒成分可逐渐在贝类生物体内聚集，人吃了这样的贝类生物即可中毒。常见的可以引起中毒的贝类生物有蛤类、螺类、鲍类等。

吃贝类中毒有哪些表现

不同种的贝类引起的中毒表现不完全相同，吃贝类中毒可能出现如下症状：

1 口唇、手、足和面部的神经麻痹，还可能出现行走困难。

2 恶心、呕吐、腹泻和腹痛。

3 头痛、寒战和发热。

4 眼睛和鼻腔有刺激的感觉。

5 肌肉酸软、方向知觉丧失、记忆丧失。

如何避免吃贝类中毒

在赤潮发生地域不要随意食用贝类。要学习安全食用贝类的方法：在加工和食用贝类产品时，去除含毒较高的肠腺等脏器，以减少毒素的摄入；烹煮贝类前，将其在淡盐水中浸约一小时，使其自动吐出泥沙，但注意浸泡时间不宜过长，防止其部分腐烂、变质。

吃贝类生物中毒并非一定出现上述所有症状，如果吃了贝类生物，出现上述症状中的一种或几种，就要考虑发生中毒，并及时去医院诊治。

怎样避免水产品的污染

水产品是指供人类食用的鳍鱼类、贝类（牡蛎、蛤、螺等）、头足纲动物（章鱼、鱿鱼）和藻类等淡水、海水产品及其加工制品。它们很容易被污染。

1. 如何尽量避免水产品的污染危害

选购水产品应当去正规的超市或农贸市场，尽量选择鲜活的鱼、虾、蟹、贝或者具有明确生产厂家、生产许可标识的水产品及其制品。

不应滥食、滥捕污染水域中的鱼、虾、贝类水生生物，不吃来历不明、不新鲜的水产品。

应当改正生食海鲜的不良习惯，对于来自养殖场的洁净、新鲜的鱼、贝类产品也应当煮熟或蒸透后再食用。

2. 如何处理或保存海鲜

海鲜种类繁多，包括鱼类、虾类、贝类、蟹类等。无论哪一种类的海鲜最重要的就是保鲜，避免腐烂，因此买回的海鲜以冷冻保存为佳。

生鲜鱼类买回后要先去鳃、内脏及鱼鳞，用清水洗净，依需要分切后，再用保鲜袋或保鲜膜包装放入冷冻室，以减少污染物的摄取及腐烂的概率。

虾、贝、蟹类或是乌贼、鱿鱼等头足类都是新鲜食用最佳，买回后最好立即料理，若需要延长保存期，可用滚水汆烫溶出有害物质，再用保鲜袋包装放入冰箱冷冻室中。这样不但可保持鲜度，也比生鲜状态更易于保存。

所有海鲜食材经拆封解冻后必须马上烹调食用。解冻后再次冷冻，容易流失风味和鲜度。

如何减轻河鲜、海鲜中摄入的重金属危害

重金属污染是影响食品安全的一个重要因素。重金属指相对密度大于5的金属，包括汞、镉、铅、铜、锡、锌、镍、钴、锑、铋等。这些重金属通过食物链最后进入人体会对人体造成危害。少量的重金属摄入可以通过食用其他食物来消减。

1.富含膳食纤维的食物

膳食纤维能促进肠蠕动，促进排泄，能尽可能多地排出重金属等有毒物质，如芹菜、玉米、红薯、口蘑等都是不错的选择。

2.富含维生素C的食物

维生素C 有活性作用，促进新陈代谢，可帮助重金属物质尽快排出体外。如苹果、猕猴桃、橙子等均含有丰富的维生素C。

3.火龙果

火龙果中富含一般蔬果中较少有的植物性白蛋白，这种活性白蛋白在人体内遇到重金属离子，会快速将其包裹，避免肠道吸收，从而通过排泄系统将其排出体外。

4.胡萝卜

胡萝卜是有效的排汞食物，含有大量的果胶，可以与汞结合，有效降低血液中汞的浓度，加速其排出。胡萝卜还可以刺激胃肠的血液循环，改善消化系统功能。

河鲜、海鲜不能和什么一起吃

河鲜、海鲜不但味道鲜美，还含有丰富的营养成分。不过，若是食用不当，也会引起身体不适，甚至食物中毒，所以，在吃河鲜、海鲜的时候也要关注一下它的属性搭配。

1.柿子、葡萄等水果

鱼虾含丰富的蛋白质和钙等营养物质，如果与某些水果如柿子、葡萄、石榴、山楂、青果等同吃，就会降低蛋白质的营养价值。

2.茶

吃河鲜、海鲜喝茶长结石。因为茶叶中含有鞣酸，能与海鲜中的钙形成难溶的钙。在食用海鲜前后喝茶，都会增加钙与鞣酸相结合的机会。

3.啤酒

吃河鲜、海鲜不宜喝啤酒。海鲜加啤酒，这是很多人盛夏消暑的方式，他们乐在其中，却不知道其中潜藏着健康隐患。食用海鲜时饮用大量啤酒，会产生过多的尿酸，从而引发痛风。

4.维生素C

虾类忌与维生素C同食。科学家研究发现，食用虾类等水生甲壳类动物，同时服用大量的维生素C，能够致人死亡。因为虾类通常含有一种砷类物质，通常对人体无害，却在维生素C的作用下能够转化为有毒的砷。

错误吃鱼惹上致命疾病

俗话说"畜肉不如禽肉，禽肉不如鱼肉"。鱼因其美味和营养，历来是大众喜爱的食物。吃鱼的好处显而易见，但若食不得法，也会给人体健康造成危害，甚至惹上致命重疾。当初古人造字，就把"鲜"字归于"鱼"部，将鱼当作"鲜"的极品，而花样翻新的各式吃法，更是让鱼备受追捧。不过，吃鱼也要健康地吃，否则身体会出现问题的。

1. 生吃鱼片，易生肝吸虫病

很多人都喜欢生鱼片的鲜嫩美味，殊不知生吃鱼片对肝脏很不利，极易感染肝吸虫病，甚至诱发肝癌。

肝吸虫病是以肝胆病变为主的一种寄生虫病，人通过吃生的或半熟的含肝吸虫活囊蚴的淡水鱼虾或淡水螺类被感染的概率极高，其中不少人正是因为生吃鱼虾而染病的。

2. 擅吃鱼胆，解毒不成反中毒

鱼的胆汁中含有水溶性鲤醇硫酸酯钠等具有极强毒性的毒素，这些毒素既耐热，又不会被酒精破坏，因而无论将鱼胆烹熟、生吞，或是用酒送服，均可发生中毒。

3. 空腹吃鱼，可能导致痛风

空腹吃鱼是司空见惯的事情，却不知道，这样做很可能导致痛风发作。痛风是由于嘌呤代谢紊乱，导致血尿酸增加而引起组织损伤的疾病。而绝大多数鱼本身富含嘌呤，如果空腹摄入大量含嘌呤的鱼肉，却没有足够的碳水化合物来分解，人体酸碱平衡就会失调，容易诱发痛风或加重痛风病患者的病情。

如何放心吃贝类

海鲜是不少吃货的最爱，但是由于重金属污染、药物残留等负面消息不绝于耳，给这些贝类海鲜蒙上了一层阴影。那么到底这些蚬子、扇贝还能不能吃，如何正确地吃这些贝类产品呢？

1. 安全购买

挑选活产品的时候，首先要确认贝类的来源地，有的零售商含有发货标签，可以确认此贝类海鲜是否捕捞于安全的海岸。其次，要挑选外壳平滑，没有疙瘩的。外表疙瘩多的贝类，附着的脏东西较多，污染也可能更多。

如果是冰冻的贝类，则需要确认包装完整，并且袋子上面没有过多的冰晶和霜花。太多的冰晶表示冰冻时间过久，并且可能被反复解冻。

2. 清洗烹饪

盐水浸泡。贝类在烹饪之前，要先放入盐水中养一段时间，让它排出各种毒素和沙子。然后，再用小刷子仔细清洁贝类的表面。

充分加热。贝类较好的烹饪方法有蒸、煮等，这样能彻底加热、杀死细菌。贝类烹饪时，通常情况下要冷水下锅，以保证内外生熟度一致。烧烤也是贝类常见的烹饪方式，但是烧烤的方法易造成受热不均、外熟里生，影响健康。

不吃内脏。贝类生物易受到重金属污染，这些污染物最容易富集在贝类生物的内脏团中，因此，贝类只能吃肌肉部分，不要吃内脏。看颜色是较简单的判断内脏的方法。开壳后，发黑的肉块多半是内脏。当然，有一些贝类内部有一根黑色的沙线，也不能吃。

养殖鱼类的安全选购与处理

养殖环境受到污染，容易在鱼体残留农药、重金属或戴奥辛；养殖户也可能在饲养期间投药以防治病害或促进鱼类生长，致使抗生素或荷尔蒙药剂残留；另外，部分养殖户抽取地下水来养殖，可能使地下水污染物砷残留鱼体。

食用问题养殖鱼的危害

1　鱼类残留的抗生素，如果长期食用，人体会产生抗药性、药物副作用。

2　鱼类残留的荷尔蒙，长期食用会造成内分泌失调，尤其对青少年和孕妇影响最大。

3　长期食用含有重金属的食物，会损害身体机能导致各种病变。例如，铅会影响新陈代谢，造成中枢神经异常及造血功能受损等病症；镉是致癌物质；汞则会造成畸胎或是流产，使手足麻痹、记忆力减退、听力及语言能力受损；砷会造成神经病变与肾脏疾病等。

4　长期食用含有戴奥辛的食物可能造成畸胎、孕妇早产或有致癌风险。

5　长期食用被环境污染的鱼类，会造成肝、肾负担，并导致累积中毒的现象。

安全选购

1　选购新鲜鱼类，鱼眼应透明，鱼肉按压有弹性，肉色自然不过于艳丽或白皙，略带腥味为正常，但没有过重的腥臭味。

2 选择有信誉的商家或有生产安全认证、检验合格报告的养殖鱼类，品质较有保障。

3 选择有专业冷藏设备的地方进行购买，避免生鲜鱼肉受温度变化影响而导致腐败。

4 购买包装鱼类或鱼片时，包装需完整、密封、标示清楚，且有食品安全认证者为佳；选购冷藏肉品应留意肉身弹性和肉色是否正常，冷冻肉品应坚硬、无结霜发白现象。

正确保存

1 生鲜鱼类洗净处理好后，擦干多余水分，用密封袋或保鲜膜密封保存于冷冻室中，约可保存一两个月，但要注意风味是否会流失。

2 冷冻鱼类未马上食用，不宜拆封、解冻，买回后应立即放入冰箱冷冻室保存。

如何避免有害物质

1 买回的鲜鱼要进行刮鳞（有些鱼类不需去鳞，如秋刀鱼）、剖腹去内脏、去鳃等步骤，也可以请鱼贩代为处理。

2 使用流动的清水，彻底冲洗鱼身及鱼肚。

3 用热水汆烫溶出剩下的残留有害物质，再进行之后的烹饪加工。

野生鱼类的安全选购与处理

　　不少消费者喜好食用自然野生的鱼类，特别是鲔鱼、鲑鱼和鳕鱼，因其肉质鲜美且烹饪方式多元而广受欢迎。但是随着海洋遭受污染，受污染海域的鱼类在捕获后送上餐桌，极可能导致消费者吃到含有重金属或戴奥辛、多氯联苯等环境荷尔蒙所污染的食物。

　　另外，一氧化碳会与鱼肉中的血红素结合，可保持肉色红润，看似新鲜诱人，故有些不法商人也会为延长售卖期，用一氧化碳处理鲔鱼、鲑鱼等红肉生鱼片，导致消费者误判其新鲜度，要注意以上情况。

食用问题野生鱼的危害

1 长期吃到含有戴奥辛的食物，毒素会蓄积体内，可能造成畸胎、孕妇早产或有致癌风险。

2 吃下含有多氯联苯的食物，长期累积在体内会形成慢性中毒，严重者会致癌，还会伤害生殖系统与神经系统，干扰内分泌系统等。

3 吃了含甲醛的食物，可能使女性月经紊乱，并使神经系统、免疫系统、肝脏受损，还有致癌风险。

安全选购

1 选择有信誉的商家或经检验合格的野生鱼类，例如，选购具有重金属、戴奥辛与多氯联苯检验合格报告的鱼类。

2 选择有专业冷藏设备的商家进行购买，避免野生鱼肉受温度变化影响而导致腐败。

3 购买包装鱼类或鱼片时，包装需完整、密封、标示清楚，具有食品安全认证标志者为佳；冷藏肉品宜选择肉身有弹性和肉色正常的；冷冻肉品应坚硬、无结霜发白现象。

4 选购现捞鱼，鱼眼应透明，鱼肉按压有弹性，无腥臭味，肉色自然不过于艳丽或白皙。

正确保存

1 生鲜鱼类洗净处理好后，擦干多余水分，用密封袋或保鲜膜密封保存于冷冻室中，约可保存一两个月，但要注意风味是否会流失。

2 冷冻鱼类未马上食用，不宜拆封、解冻，买回后应立即放入冷冻室保存。

如何避免有害物质

1 因甲醛溶于水，因此烹煮前应浸泡15分钟，再用清水冲洗两三遍，煮熟后食用。虽然浸泡后的鱼肉风味会略微流失，但可较安心食用。

2 环境荷尔蒙及重金属残留物不易被高温破坏，且容易堆积于脂肪含量较高的部位，所以建议避免食用鱼头、鱼皮与内脏，或是少食用大型鱼类。

咸鱼的安全选购与处理

咸鱼是指用盐腌渍后晒干的鱼。以前因为没有低温保鲜技术，鱼很容易腐烂，因此世界各地沿海的渔民都以此方法保存鱼。现市场上有各种各样风味的咸鱼，其味道美味，且可长期存储，深受广大消费者的喜爱。

1. 食用问题咸鱼的危害

（1）咸鱼中的亚硝酸盐成分较多，过多地食用咸鱼会使这些亚硝酸盐进入身体，造成癌变。

（2）咸鱼制作时在风中进行风干，这样或多或少会接触到一些污染物，造成霉变。

（3）咸鱼表面有红色的斑点，往往就是赤变导致的，消费者应多加注意。

2. 安全选购

（1）优质咸鱼色泽鲜亮；次质咸鱼色泽暗淡，不鲜明；劣质咸鱼表面发黄或是发红。

（2）优质咸鱼外形完整，无破肚或是骨肉分离的现象，体形平展，无污物，无残伤；次质咸鱼鱼体基本完整，但可能有少部分变成红色或是轻度变质，有少量残鳞或污物；劣质咸鱼体表不完整，骨肉分离，残鳞及污物较多，有霉变现象。

（3）优质咸鱼肉质紧密结实，有弹性；次质咸鱼肉质稍软，弹性较差；劣质咸鱼肉质疏松且易散开。

3. 正确保存

在咸鱼上面撒些花椒、生姜、丁香等，放在阴凉、通风、干燥的地方。也可以把剥开的大蒜瓣铺在罐子下面，把咸鱼放进去，将盖旋紧，能保存很长时间不会变质。

鱼罐头的安全选购与处理

鱼罐头属于水产加工食品的一种，主原料是鱼肉。若使用的鱼类来自受污染的海域，就容易残留重金属或戴奥辛；若鱼类来自人工养殖环境，因为饲养期间投药以防治病害或促进鱼类生长，就易有抗生素或荷尔蒙残留的可能。

1. 食用问题鱼罐头的危害

（1）长期食用受重金属及戴奥辛污染的鱼肉原料所制成的罐头，易导致累积中毒的现象。

（2）鱼肉原料残留荷尔蒙，长期食用会造成内分泌失调，尤其对青少年和孕妇影响最大。

（3）鱼肉原料残留抗生素，长期食用人体会产生抗药性、药物副作用。

（4）长期食用含防腐剂的食品，会形成肝、肾负担，易导致过敏与累积中毒的现象。

（5）每人每日钠的摄取量建议控制在2400毫克，若摄取过量的钠，易造成水肿等。

2. 安全选购

（1）注意罐头的外观，选择罐型正常、封口紧密、无生锈、无刮痕和无裂损的，顶部及底部若呈现膨起或凹陷现象，表示内部有细菌繁殖或空气进入，千万不要购买。

（2）注意罐头上的标示，包括品名、成分、制造日期、有效期限等内容。

（3）选购有食品生产许可标志的罐头食品，这表示产品制作过程及添加物剂量符合规定。

3. 如何避免有害物质

（1）开罐前先用干净湿布擦拭罐头外壁及罐盖，避免脏物及细菌污染，清洁后再开罐。

（2）食用前，煮沸罐头食物10分钟或是倒入热开水中烹煮3分钟，可以减少添加物的含量，并破坏细菌如肉毒杆菌的毒素。

河鲜、海鲜烹调小窍门

　　水产品的食用方法很多，既可蒸、煮、烩、烧、烤、炸，也可以做成各种造型和花色的菜肴。在制作的过程中掌握一些烹调的小窍门，能使菜品更鲜美。

1. 煎鱼的小窍门

　　放油煎鱼之前，先用生姜在锅底抹上一层姜汁，倒油加热后再煎鱼，就能保持鱼体完整；在煎之前挂蛋糊，也能煎出鱼体完整、金黄的鱼。

2. 炖鱼的小窍门

　　炖鱼时，加入一些啤酒，可以使鱼的脂肪分解，产生酯化反应，使鱼味更加鲜美。炖鱼时最好使用砂锅或者陶瓷锅，不要用铁锅，因为铁锅易导致鱼肉出现腥味。

3. 蒸鱼的小窍门

　　将水煮沸后再蒸鱼，这样鱼的外部组织会凝缩，保留了内部的鲜汁，鱼肉更鲜美。蒸鱼用大火，蒸的时间不要过长，鱼肉更鲜嫩。在鱼肉表面切"井"字纹，鱼肉蒸熟后更美观。

4. 冻鱼解冻的小窍门

　　给冻鱼解冻时，加一些牛奶，鱼的味道更鲜美。解冻冻鱼时，在凉水中放入少许盐，鱼肉中的蛋白遇盐会凝固，可防止鱼肉蛋白流失，同时还能加快化冻速度。

5.如何让蒸蟹不掉脚

蒸蟹前，将一根牙签插入蟹嘴，即蟹吐泡沫的正中处，斜截进去1厘米左右，再入锅蒸，蟹脚不会脱落。

6.如何使海带柔软可口

碱煮法 →

海带不容易煮软，因为海带的主要成分褐藻胶难溶于普通水。但是，褐藻胶易溶于碱水。当水中的碱适量时，褐藻胶会吸水膨胀而变软。根据这一特点，煮海带时可以加入少许碱或小苏打。煮时可以用手试掐软硬，煮软后应该立刻停火。要注意加碱不可过多，煮制时间不可过长。

干蒸法 →

把成团的干海带打开，放在笼屉里蒸半小时左右，再用清水泡一下。这样处理后的海带又脆又嫩，用来炖、炒、凉拌都可以。

Part

2

淡水鱼类

淡水鱼类指生活在江河、湖泊、水塘中的鱼。
多数淡水鱼有特别的色彩和斑纹，
或者体色与周围环境很接近，
可隐蔽自己，或迷惑敌人及猎物，
以保护自己、便于猎食。

淡水鱼类

黑鱼

盛产期

热量 85千卡/100克

| 1 |
| 2 |
| 3 |
| 4 |
| 5 |
| 6 |
| 7 |
| 8 |
| 9 |
| 10 |
| 11 |
| 12 |

（月份）

放心买

❶ 鱼肉有弹性

新鲜黑鱼，肉质坚实有弹性，手指压后凹陷能立即恢复。

❷ 颜色较深

身体颜色越深表明这条鱼越精神，越有活力，肉质更鲜嫩。

❸ 眼睛黑白分明

眼睛凸起，澄清并富有光泽。

不能买

❶ 表面有伤

看鱼的表面有无受伤，受伤的鱼最好不要购买。

❷ 眼睛浑浊不清

眼球凹陷、浑浊不清，并且充血的不宜购买。

● 安全处理

✳ **清洗：**从市场上买回的黑鱼，可自己采取剖腹清洗法处理，先从黑鱼尾部向头部刮去鱼鳞，洗净。再用平刀法剖开鱼腹，清理内脏。用刀将鳃壳撬开，将鳃丝清理出来，最后放在流水下冲洗干净即可。

● 正确保存

✳ **水养保鲜法：**黑鱼的生命力很强，活鱼可以先在盆里养着。水不用放太多，只要没过鱼背再稍多加点就可以了，但盆上最好扣个木板，防止鱼从盆里蹦出来。最好是分开喂养，避免厮咬。

✳ **冰箱冷藏法：**黑鱼肉不宜保存，建议现洗现吃。必要时清洗干净，擦干表面水分，装在保鲜袋里，置入冰箱冷藏，可保存一两天。

● 美味菜谱

菜心炒鱼片

制作时间：2分钟　营养功效：清热解毒

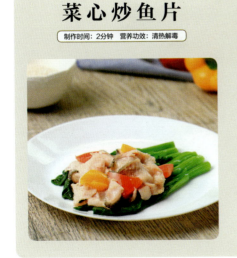

原料 菜心200克，黑鱼肉150克，彩椒块40克，红椒块20克，姜片、葱段各少许

调料 盐、鸡粉、料酒、水淀粉、食用油各适量

做法 1.菜心洗净，黑鱼肉洗净切成片。
2.鱼片加盐、鸡粉、水淀粉、食用油腌渍；沸水锅加盐、食用油、菜心煮至断生后捞出，将菜心摆入盘中。
3.锅注油烧热，倒入黑鱼片滑油后捞出。锅留油，爆香姜片、葱段、红椒、彩椒。
4.放入鱼片、料酒、鸡粉、盐、水淀粉炒入味，盛放在盘中即可。

淡水鱼类

草鱼

盛产期

1
2
3
4
5
6
7
8
9
10
11
12

（月份）

热量 91千卡/100克

放心买 ✓

❶ 买体形大的

买草鱼一般挑选体形较大的为好，大一点的草鱼肉质比较紧密，较小的草鱼肉质太软，口感不佳。

❷ 肉质有弹性

新鲜草鱼肉质坚实有弹性，手指压后凹陷能立即恢复。

❸ 鱼鳞完整

鱼身呈青灰色，鱼鳞完整，有光泽，无掉鳞者可以购买。

不能买 ✗

❶ 肉质无弹性

不新鲜的鱼，肌肉稍显松软，手指压后凹陷不能立即恢复。

❷ 表面有损伤

鱼身呈黄色，鱼鳞脱落较多，损伤较大，透出红色血丝的不宜购买。

● 安全处理

* **清洗：** 从市场上买回的草鱼，可自己采取开背清洗法处理，从鱼的尾部开始刮鱼鳞，洗净。从鱼的尾部开背，将鱼的头劈开。用手清理内脏，再刮去鱼腹内的黑膜，冲洗干净。再将两边的鳃丝切除，洗净即可。

● 正确保存

* **冰箱冷藏法：** 在鱼的身上，内脏最容易腐烂，所以我们必须先将草鱼宰杀处理，刮除鱼鳞，去除鱼鳃、内脏，清洗干净，然后按照烹饪需要，分割成鱼头、鱼身和鱼尾等部分，用厨房纸抹干表面水分，分别装入保鲜袋，再放入冰箱保存。一般冷藏保存，必须两天之内食用完。

* **冰箱冷冻法：** 刮除鱼鳞，去除鱼鳃、内脏，清洗干净，然后按照烹饪需要，分割成鱼头、鱼身和鱼尾等部分，用厨房纸抹干表面水分，分别装入保鲜袋，再放入冰箱冷冻保存，可保持一两个月不变质。冷冻保存后要食用时，从冰箱取出后在室温下自然解冻为佳。

● 美味菜谱

椒香啤酒草鱼

制作时间：12分钟　营养功效：防癌抗癌

原料 草鱼肉1000克，啤酒200毫升，圣女果90克，青椒75克，蒜片、姜片各少许

调料 盐3克，鸡粉3克，白糖3克，料酒、葵花籽油、生抽、水淀粉、胡椒粉各少许

做法 1.圣女果对半切开；青椒切圈；草鱼肉切块，加盐、料酒、胡椒粉腌渍。

2.锅注油烧热，放入鱼肉块，煎出香味，放入姜片、蒜片，爆香。

3.加料酒、生抽、啤酒、盐，焖5分钟，放入青椒圈、鸡粉、白糖、圣女果，焖2分钟，加水淀粉、葵花籽油炒匀即可。

淡水鱼类

鲢鱼

放心买 ✓

盛产期

| 1 |
| 2 |
| 3 |
| 4 |
| 5 |
| 6 |
| 7 |
| 8 |
| 9 |
| 10 |
| 11 |
| 12 |

（月份）

热量 104千卡/100克

❶ 鱼鳃鲜红

新鲜的鲢鱼，鱼鳃色泽鲜红，腮丝清晰。

❷ 眼睛有精神

新鲜的鲢鱼，眼球凸出，黑白分明。

❸ 鳞片完整

新鲜鱼的鱼体上会有透明的黏液，与鱼体贴附紧密的鳞片有光泽，不易脱落，适宜购买。

不能买 ✗

❶ 鱼眼浑浊

不新鲜的鲢鱼鱼眼浑浊，黑白不分明，这样的鲢鱼不适合购买。

❷ 鱼鳃发灰

不新鲜的鲢鱼鱼鳃发灰，脏污较多，不宜购买。

❸ 闻味道

有大蒜味、煤气味的可能已经被污染，不宜购买。

● 安全处理

✱ **清洗：** 从市场上买回的鲢鱼，可采取剖腹清洗法处理。将买回的鱼从尾部开始，逆着鱼鳞刮，再将鱼冲洗一下，挖出鱼鳃，切开鱼腹，清除内脏，放在流水下冲洗，再用手清理鱼内部的黑膜，装好即可。

● 正确保存

✱ **冰箱冷冻法：** 有时，鱼买得多了，一时又吃不完，可将鱼宰杀后洗净，切成块分装在保鲜袋里，放入冷冻室，一两个月不会变质，要烹调时拿出解冻即可。

● 美味菜谱

辣卤酥鲢鱼

制作时间：32分钟　功效：增强免疫力

原料 鲢鱼700克，麻辣卤水800毫升，生粉30克，香菜2克

扫一扫看视频

调料 盐、料酒、食用油各适量

做法 1.鲢鱼切段，鱼头对半切开，鱼尾切段，加入料酒、盐、生粉，拌匀。
2.锅中注油烧热，放入鲢鱼，油炸约6分钟至表皮金黄且香脆，捞出。
3.锅置火上烧热，倒入麻辣卤水，煮约2分钟，放入鲢鱼块，卤20分钟，盛出，浇上适量卤汁，放上香菜即可。

淡水鱼类

鳙鱼

盛产期

| 1 |
| 2 |
| 3 |
| 4 |
| 5 |
| 6 |
| 7 |
| 8 |
| 9 |
| 10 |
| 11 |
| 12 |

（月份）

热量 100千卡/100克

放心买 ✓

❶ 看鳃盖

购买鳙鱼的时候，一般选择鱼鳃盖圆润饱满的。

❷ 看眼睛

眼睛略凸，眼球黑白分明的是新鲜的鳙鱼。

❸ 看尾巴

尾部自然平滑不下垂的是新鲜的鳙鱼。

不能买 ✗

❶ 看眼睛

眼睛浑浊的鱼不新鲜，不适宜选购。

❷ 看鳞片

有病斑、鳞片脱落较多的是不太新鲜的鳙鱼，不适宜选购。

● 安全处理

✳ **清洗：** 鳙鱼可采取剖腹清洗法处理。将鱼鳞刮除，洗干净。在尾部斜开一个刀口，将鱼身片开，鱼头劈开。用手清除内脏，用刀将黑膜刮除，挖出鱼鳃，再将鳙鱼冲洗干净即可。

● 正确保存

✳ **冰箱冷藏法：** 宰杀，清洗干净后擦干水分，用保鲜袋包好，放入冰箱冷藏，可保存一两天。

✳ **冰箱冷冻法：** 宰杀，清洗干净后擦干水分，用保鲜袋包好，放入冰箱冷冻，可保存一两个月，但味道不如新鲜的好。

● 美味菜谱

番茄薯仔大头鱼尾汤

制作时间：140分钟　功效：延缓衰老

扫一扫看视频

原料	番茄块100克，大头鱼鱼尾250克，土豆块150克，姜片少许，高汤适量
调料	盐、食用油各适量
做法	1.炒锅倒油烧热，放入姜片爆香，加入鱼尾，煎出香味，倒入适量高汤煮沸，取出煮好的鱼尾，装入鱼袋，扎好。 2.炒锅内的汤水倒入砂锅中，煮沸，放入鱼尾、土豆块、番茄块，煮15分钟后转中火煮2小时，加入少许盐调味，搅拌均匀至食材入味，装入碗中即可。

淡水鱼类

鲫鱼

盛产期

热 量

105千卡/100克

| 1 |
| 2 |
| 3 |
| 4 |
| 5 |
| 6 |
| 7 |
| 8 |
| 9 |
| 10 |
| 11 |
| 12 |

（月份）

放心买

❶ 眼球凸出

新鲜的鲫鱼，其眼睛是凸的，并且眼球黑白分明。

❷ 体形健壮

以体色青灰、体形健壮的为好鱼。

❸ 有活力

买活鲫鱼时，看鱼在水内的游动情况。新鲜的鱼一般都游于水的下层，游动状态正常，没有身斜现象。

不能买

❶ 有怪味

污染鱼则气味异常，如氨味、煤油味、汽油味或大蒜味道等。

❷ 表面有血丝

看鱼的表面有无损伤，透出红色血丝的不宜购买。

● 安全处理

✳ **清洗：**从市场上买回的鲫鱼，可采取剖腹清洗法处理。从尾部开始，逆着鱼鳞刮除，再把鳃丝清除掉。鱼腹剖开，注意进刀不要太深，以免割破鱼鳔。将内脏清理干净，再洗净即可。

● 正确保存

✳ **水养保鲜法：**活鲫鱼可直接放入水盆中，每天换水，可以存活两周左右。

✳ **冰箱冷冻法：**清洗收拾干净后，将鱼放入保鲜袋内，再放入冰箱冷冻，可保存一两个月。

● 美味菜谱

鲫鱼苦瓜汤

制作时间：7分钟　功效：健脾止泻

原料	净鲫鱼400克，苦瓜150克，姜片少许
调料	盐2克，鸡粉少许，料酒3毫升，食用油适量
做法	1.将苦瓜对半切开，去瓤，再切成片。用油起锅，放入姜片，爆香，再放入鲫鱼，煎至两面断生。 2.淋上少许料酒，再注入适量清水，加入鸡粉、盐，放入苦瓜片。 3.盖上锅盖，用大火煮约4分钟，搅动几下，盛出煮好的苦瓜汤即可。

扫一扫看视频

银鱼

盛产期

| 1 |
| 2 |
| 3 |
| 4 |
| 5 |
| 6 |
| 7 |
| 8 |
| 9 |
| 10 |
| 11 |
| 12 |

（月份）

热 量
407千卡/100克

放心买

❶ 身体较软，有光泽

新鲜的银鱼，身体较柔软，肉质较厚，并且微微透明，有光泽。

❷ 身体呈"L"形状

较为新鲜的并被加热后的银鱼呈"L"形。

❸ 颜色偏灰或者白

银鱼在不同的环境下生长，颜色会略微有所不同，但是对味道没有什么影响。

不能买

❶ 颜色过白

银鱼的颜色很白并不能证明其质优，须提防掺有荧光剂或漂白剂。

❷ 鱼身太黏

可能已经变质。

● 安全处理

* **清洗**：银鱼通体无鳞，一向作为整体性食物应用，即内脏、头、翅等均不去掉。可以准备一小盆清水，把银鱼倒进去，然后用手轻轻搅拌让脏东西沉淀，接着用滤网把小鱼捞起即可。

● 正确保存

* **冰箱冷藏法**：新鲜银鱼用清水洗净后，擦干表面水分，放入保鲜袋内，放入冰箱冷藏可以保存一两天。
* **腌制密封法**：新鲜银鱼放在小坛子里，撒上盐，密封，可保存较长时间。
* **晒干保存法**：新鲜银鱼经暴晒制成银鱼干，可以长期保存。

● 美味菜谱

银鱼炒蛋

制作时间：2分钟　功效：增强免疫力

原料　鸡蛋3个，水发银鱼50克，葱花少许

扫一扫看视频

调料　盐、白糖、胡椒粉、食用油各适量

做法　1.把鸡蛋打入碗中，加少许盐、白糖，搅散，放入银鱼，顺时针拌匀。
2.热锅注入适量食用油，烧至四成热，倒入蛋液，摊匀，铺开，转中小火，炒至熟。
3.放入葱花，撒上胡椒粉，拌炒匀，出锅盛入盘中即成。

淡水鱼类

鲤鱼

盛产期

热量 115千卡/100克

| 1 |
| 2 |
| 3 |
| 4 |
| 5 |
| 6 |
| 7 |
| 8 |
| 9 |
| 10 |
| 11 |
| 12 |

（月份）

放心买 ✓

❶ 颜色青黄

最好购买鱼体呈纺锤形，颜色为青黄色的，这样的鱼肉质较好。

❷ 鱼鳃鲜红

新鲜鱼的鳃片鲜红带血，清洁、无黏液、无腐臭，鳃盖紧闭。

❸ 游动自如

应购买在水的下层，呼吸时鳃盖起伏均匀，生命力旺盛的鲤鱼。

不能买 ✗

❶ 看眼睛

不新鲜的鲤鱼鱼眼下塌、浑浊。

❷ 水箱颜色深绿

饲养活鱼的水箱如果藻类过多或长期未换水，呈深绿色不健康。

❸ 尾部受伤

不要购买尾部受伤且表面暗淡无光泽的鲤鱼。

● 安全处理

✳ **清洗：** 将鲤鱼的鱼鳞刮去，用清水将鱼鳞冲洗掉。去掉鱼鳃，将鱼腹剖开，把鱼的内脏清理干净，最后将鱼用清水冲洗干净即可。

● 正确保存

✳ **冰箱冷藏法：** 将鲤鱼宰杀，清洗干净后擦干水分，用保鲜袋包好，放入冰箱冷藏，可保存一两天。

✳ **冰箱冷冻法：** 将鲤鱼宰杀，清洗干净后擦干水分，用保鲜袋包好，放入冰箱冷冻，可保存一两个月，但是味道不如新鲜的好，建议尽早食用。

● 美味菜谱

糖醋鲤鱼

制作时间：3分钟　功效：开胃消食

扫一扫看视频

原料	鲤鱼550克，蒜末、葱丝各少许
调料	盐2克，白糖、白醋、番茄酱、水淀粉、生粉、食用油各适量
做法	1.鲤鱼切上花刀，备用。 2.热锅注油，烧至五六成热，将鲤鱼滚上生粉，放入锅，炸至两面熟透，捞出。 3.锅留油爆香蒜末，注入少许清水，加盐、白醋、白糖，拌匀，加番茄酱、适量水淀粉，拌匀，浇在鱼上，点缀上葱丝即可。

鳊鱼

盛产期

| 1 |
| 2 |
| 3 |
| 4 |
| 5 |
| 6 |
| 7 |
| 8 |
| 9 |
| 10 |
| 11 |
| 12 |

（月份）

热量 135千卡/100克

放心买

❶ 看准颜色

优质鳊鱼背部青灰色，两侧银灰色，腹部呈银白色。

❷ 处于水箱的中层或下层

有活力的鳊鱼一般处于水箱的中层或下层，处于上层的一般是受伤的鳊鱼。

❸ 鱼肚子较硬、不胀

鱼肚子较硬的鳊鱼新鲜，如果肚子变软说明已经变质。

不能买

❶ 鱼鳞、鱼尾发红

如果鳊鱼的鱼鳞和鱼尾已经发红，证明鱼已经受伤，活力下降，不宜选购。

❷ 肛孔红色凸出

肛孔红色凸出的鳊鱼已经不新鲜了。

● 安全处理

✳ **清洗：** 从市场上买回的鳊鱼，从尾部开始，用刀刮去鱼鳞，简单冲洗一下。然后沿着鱼的背脊线，切开一道长长的刀口。将刀尖插入切口中，片取鱼肉。将鱼撑开，取出内脏，刮去黑膜及鱼鳃，冲洗干净即可。

● 正确保存

✳ **冰箱冷藏法：** 将清理干净的鱼放入保鲜袋或保鲜盒，可放入冰箱，冷藏保存。建议2天内食用完毕。

✳ **冰箱冷冻法：** 将清理干净的鱼放入保鲜袋或保鲜盒，放入冰箱冷冻保存，可保存一两个月。但冷冻过后建议用红烧、糖醋等烹饪方式，不适宜再清蒸，且肉质与营养均大为下降。

● 美味菜谱

豫式蒸武昌鱼

制作时间：30分钟　功效：增强免疫力

原料 武昌鱼400克，去皮冬笋75克，火腿肠50克，水发香菇25克，姜片20克，猪肥肉50克，大葱20克

调料 蒸鱼豉油5毫升，盐、鸡粉、料酒各适量

做法 1.处理好的武昌鱼打上一字花刀；冬笋切片；香菇去蒂切开；火腿肠切开。
2.往鱼两面抹上盐、鸡粉，淋上料酒，垫上大葱，拌匀腌渍10分钟。
3.将冬笋片、姜片、香菇、火腿肠放在鱼上，再铺上猪肥肉片，放入蒸锅，蒸15分钟，取出，淋上蒸鱼豉油即可。

淡水鱼类

鲇鱼

热量 103千卡/100克

盛产期

1	
2	
3	
4	
5	
6	
7	
8	
9	
10	
11	
12	

（月份）

放心买

❶ 牙黄色

最好购买牙黄色身上有花斑的鲇鱼，这种鲇鱼腥味淡。

❷ 4须鲇鱼

4须鲇鱼一般都是野生培育出来的，8根胡须的是人工养殖的。野生鲇鱼营养价值更高，口感也更好。

❸ 尾巴呈刀状

纯野生的鲇鱼尾巴一般呈刀状，而非野生的则呈扇形。

不能买

❶ 黑色的

不要选黑色的鲇鱼，黑色的鲇鱼土腥味最重。

❷ 表面有伤痕

表面有伤痕的鲇鱼买回家也活不了多久，不适宜选购。

● 安全处理

✳ **清洗：** 将鲇鱼放入盆里，加入适量的食盐、生粉、白醋，用手揉搓鲇鱼，冲洗干净。用刀将鲇鱼腹部剖开，用手挖出内脏、鱼鳃，将鲇鱼冲洗干净，沥干水分即可。

● 正确保存

✳ **冰箱冷藏法：** 宰杀，清洗干净后擦干水分，用保鲜袋包好，放入冰箱冷藏，可保存一两天。

✳ **冰箱冷冻法：** 宰杀，清洗干净后擦干水分，用保鲜袋包好，放入冰箱冷冻，可保存一两个月，但味道不如新鲜的好。

● 美味菜谱

蒜头鲇鱼

制作时间：17分钟　功效：增强免疫力

原料 鲇鱼750克，蒜头50克，豆瓣酱10克，葱花、姜片、蒜末、高汤各适量

调料 盐、白糖各2克，生抽、料酒各6毫升，水淀粉、辣椒油、食用油各适量

做法 1.在处理好的鲇鱼背面切开但不切断。
2.用油起锅，放入蒜头、姜片、蒜末、豆瓣酱，炒香，倒入高汤、鲇鱼，加盐、白糖、生抽、料酒，焖12分钟，捞出鲇鱼，摆盘，放入煮软的蒜头，待用。
3.汤汁中加入水淀粉，淋入辣椒油，搅匀，浇在鲇鱼上，撒上葱花即可。

淡水鱼类

罗非鱼

盛产期	热量 148千卡/100克
1	
2	
3	
4	
5	
6	
7	
8	
9	
10	
11	
12	
（月份）	

放心买

❶ 鱼身完整

新鲜罗非鱼鱼体光滑、整洁，无病斑，无鱼鳞脱落。

❷ 鱼鳃鲜红

鱼鳃证明着鱼的新鲜度。鱼鳃越红证明氧气、血保存多，鱼越新鲜。

❸ 重约500克

应挑选单条重500克左右的鱼，因为过大的罗非鱼肉质较粗，泥腥味也重，味道不够鲜美。

不能买

❶ 眼睛变浑浊

稍不新鲜的罗非鱼眼球不饱满，眼角膜起皱，稍变浑浊。

❷ 表面受损

稍不新鲜的罗非鱼鱼身和鱼尾等溢血发红，不适合购买。

❸ 鳞片有腐迹

这种鱼可能已经被污染。

● 安全处理

✳ **清洗：** 用刀从鱼尾向头部将鱼鳞刮除，洗净。打开鳃壳，挖出鳃丝，将鳃丝清除干净。然后剖开鱼腹，边冲洗边摘除内脏。把鱼腹内的黑膜刮除，冲洗一下。把鱼肉冲洗干净，沥干水分即可。

● 正确保存

✳ **冰箱冷藏法：** 宰杀，清洗干净后，擦干水分，用保鲜袋包好，放入冰箱冷藏，可保存一两天。

✳ **冰箱冷冻法：** 宰杀，清洗干净后，擦干水分，用保鲜袋包好，放入冰箱冷冻，可保存一两个月，但味道不如新鲜的好。

● 美味菜谱

豉香罗非鱼

制作时间：13分钟　功效：补钙

原料 罗非鱼500克，葱丝、姜丝、红椒丝各少许

调料 蒸鱼豉油10毫升，食用油适量

做法 1.在处理洗净的罗非鱼背部切一字刀，将罗非鱼放入盘中，放上姜丝。

2.蒸锅注水烧开，放入罗非鱼，盖上盖，用大火蒸10分钟，取出，浇上蒸鱼豉油，放上葱丝、姜丝、红椒丝。

3.另起锅，注入适量食用油烧热，将热油淋在鱼身上，趁热食用即可。

淡水鱼类

鲮鱼

盛产期	热量 95千卡/100克
1	
2	
3	
4	
5	
6	
7	
8	
9	
10	
11	
12	
（月份）	

放心买

❶ 鱼眼清澈透明

眼睛清澈透明，眼球完整，饱满稍向外凸的鲮鱼比较新鲜。

❷ 鱼肉有弹性

新鲜的鲮鱼紧实有弹性，用手指掐后凹下去的地方会立即恢复。

❸ 鱼身光滑、无黏液

新鲜鲮鱼鱼皮表面黏液较少，鱼鳞光滑完整。

不能买

❶ 鱼肉无弹性

不新鲜的鲮鱼，鱼肉比较松散，按压后不能立即恢复。

❷ 黏液较多

不新鲜的鲮鱼，鱼皮黏液较多，鱼鳞松弛。

● 安全处理

✳ 清洗：从尾部向头部刮去鳞片，挖出鱼鳃，用剪刀从口部至脐眼处剖开腹部，挖出内脏，用水冲洗干净。腹部的黑膜用刀刮一刮，再冲洗干净即可。注意，腹部进刀不要太深，以免刺破鱼胆。

● 正确保存

✳ 冰箱冷藏法：宰杀，清洗干净后擦干水分，用保鲜袋包好，放入冰箱冷藏，可保存一两天。

● 美味菜谱

生菜鱼肉

制作时间：10分钟　功效：益气补血

原料 鲮鱼500克，生菜丝200克，葱花、姜末各适量

调料 生粉10克，芝麻油、胡椒粉、盐各适量

做法 1.鲮鱼剁去鱼头，去骨，切泥。

2.鱼肉泥中倒入适量姜末、葱花、盐、生粉，拌匀，注入适量清水，拌匀，摔打至起胶，平铺在碟子上。

3.锅中注水烧开，将鱼肉小块小块削进热水锅中，边煮边搅拌，当鱼肉呈条状并浮起后加入盐、胡椒粉、生菜丝，倒入芝麻油，搅拌一会儿，盛出装碗即可。

淡水鱼类

青鱼

盛产期

热量 118千卡/100克

| 1 |
| 2 |
| 3 |
| 4 |
| 5 |
| 6 |
| 7 |
| 8 |
| 9 |
| 10 |
| 11 |
| 12 |

（月份）

放心买

❶ 看季节

购买青鱼的时候，一般是秋天的比较肥美。

❷ 看眼睛

眼睛略凸，眼球黑白分明的是新鲜的青鱼。

❸ 看尾巴

尾部自然平滑不下垂的是新鲜的青鱼。

不能买

❶ 看鳞片

有病斑、鳞片脱落较多的青鱼不宜选购。

❷ 红血丝

身体表面有红血丝不宜选购。

❸ 头过大、尾很小

这种鱼可能受到污染，畸形。

● 安全处理

* **剖腹清洗法：** 从尾部向头部刮去鳞片，挖出鱼鳃，沿着鳃下至鱼尾的方向剖开腹部，去除内脏，用水冲洗一下。腹部的黑膜用刀刮一刮，再冲洗干净即可。

* **开背清洗法：** 先放血，打鳞，在鱼身肛门稍靠尾部下刀，紧贴脊骨，切开鱼脊，劈开鱼头，这样就得到胸腹相连的鱼体，内脏和鱼鳃便可以轻易取出，再片下鱼肉即可。

● 正确保存

* **已宰杀鱼的保存：** 将杀好的鱼用细盐抹匀腌好，再包上保鲜袋，放在冰箱的冷藏室里可保存一两天，不会变质变味而且更加筋道入味。

* **冰箱冷冻法：** 宰杀洗净后，擦干水分，用保鲜袋包好，放入冰箱冷冻，可保存一两个月，但建议尽早食用。

● 美味菜谱

咖喱鱼块

时间：6分钟　功效：开胃消食

原料　青鱼500克，咖喱粉5克，洋葱条、彩椒条、鸡蛋、牛奶、芹菜段、葱段各少许

调料　白糖2克，辣椒油5毫升，鱼露6毫升，生粉少许，食用油适量

做法　1.青鱼切去鱼鳍、鱼头，再切成段，倒入鱼露、鸡蛋、生粉，腌渍。
2.起油锅烧热，放入鱼块，炸黄捞出。
3.锅底留油，倒入芹菜段、葱段、洋葱条、咖喱粉，加入牛奶、鱼露，拌匀，加入白糖、辣椒油，拌匀。
4.放入彩椒条炒匀，浇在鱼块上即可。

乌头鱼

盛产期	热量
1	119千卡/100克
2	
3	
4	
5	
6	
7	
8	
9	
10	
11	
12	
（月份）	

放心买

❶ 看体形

体形较小且呈圆形，重不超过半斤的乌头鱼比较好。

❷ 看鱼眼

新鲜的鱼眼光洁明亮，略呈凸状，完美无遮盖。

❸ 看鱼鳍

鱼鳍的表皮紧贴鳍的鳍条，完好无损，色泽光亮。

不能买

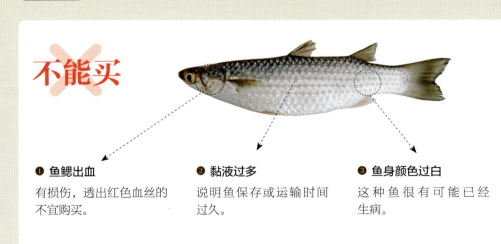

❶ 鱼鳃出血

有损伤，透出红色血丝的不宜购买。

❷ 黏液过多

说明鱼保存或运输时间过久。

❸ 鱼身颜色过白

这种鱼很有可能已经生病。

● 安全处理

✳ **清洗**：从尾部向头部刮去鳞片，挖出鱼鳃，用剪刀从口部至脐眼处剖开腹部，挖出内脏，用水冲洗干净。腹部的黑膜用刀刮一刮，冲洗干净即可。

● 正确保存

✳ **水养保鲜法**：活乌头鱼可直接放入水盆中，每天换水，可以存活两周左右。

✳ **水烫保鲜法**：把杀好的乌头鱼放在80℃～90℃的热水中，稍烫至外表发白时捞出，放凉后包上保鲜袋放入冰箱冷藏保存，保鲜24小时是不会变质的。

✳ **盐水保鲜法**：将杀好的乌头鱼浸入盐水中（浓度在10%左右），在30℃的气温下也可保存3～4天，而且不会让乌头鱼变质变味。

● 美味菜谱

柠檬蒸乌头鱼

时间：15分钟　功效：增强免疫力

原料　乌头鱼400克，香菜15克，柠檬30克，红椒25克

调料　鱼露25毫升

做法　1.红椒切圈，香菜切末，柠檬切片。处理好的乌头鱼斩去鳍，从背部切开。

2.在碗中倒入适量鱼露，放入适量柠檬片、红椒圈，调成味汁；取盘，放入乌头鱼、香菜末，以及余下的柠檬片、红椒圈。

3.蒸锅上火烧开，放入蒸盘，蒸约15分钟，取出，撒上余下的香菜即可。

扫一扫看视频

淡水鱼类

黄颡鱼

盛产期

| 1 |
| 2 |
| 3 |
| 4 |
| 5 |
| 6 |
| 7 |
| 8 |
| 9 |
| 10 |
| 11 |
| 12 |

（月份）

热量 125千卡/100克

放心买 ✓

❶ 眼睛明亮微凸

眼球饱满凸起，新鲜明亮的为新鲜的黄颡鱼。

❷ 鱼肉有弹性

新鲜黄颡鱼，肉质坚实且有弹性，手指压后凹陷能立即恢复。

❸ 鱼鳍灵活

鱼鳍坚挺灵活的鱼新鲜。

不能买 ✗

❶ 眼睛浑浊

不新鲜的黄颡鱼，眼睛浑浊，不宜选购。

❷ 尾巴下垂

尾巴下垂的黄颡鱼活力不足，买了后可能会很快死掉。

● 安全处理

✳ **清洗**：从市场上买回的黄颡鱼，可自己采取手撕清洗法处理。用手将鱼的头部撕开，扒开鱼腹。在鱼的头部，挖出鳃丝，取出鱼的内脏，再摘去鱼泡，用清水冲洗干净即可。

● 正确保存

✳ **冰箱冷冻法**：宰杀，清洗干净后，擦干水分，用保鲜袋包好，放入冰箱冷冻，可保存一两个月，但味道不如新鲜的好。

● 美味菜谱

酱焖黄颡鱼

制作时间：9分钟　功效：增强免疫力

原料	黄颡鱼300克，香菜5克，黄豆酱30克，干辣椒段10克，八角、香葱各少许
调料	料酒5毫升，生抽5毫升，五香粉5克，白糖、鸡粉、水淀粉、食用油、盐各适量
做法	1.用油起锅，放入八角、干辣椒段、香葱、黄豆酱，炒香。 2.倒入黄颡鱼，淋入料酒、生抽，倒入适量的五香粉，炒匀，注入适量清水，放入盐、白糖，炒匀，焖6~8分钟。 3.放入鸡粉，翻炒，加入适量水淀粉，大火收汁，盛入盘，摆上香菜即可。

淡水鱼类

泥鳅

盛产期 | 热量 96千卡/100克

| 1 |
| 2 |
| 3 |
| 4 |
| 5 |
| 6 |
| 7 |
| 8 |
| 9 |
| 10 |
| 11 |
| 12 |

（月份）

放心买

❶ 有活力

泥鳅被捞起时，如果挣扎有力，反应强烈，则说明是鲜活的。

❷ 眼睛凸起

眼睛凸起、澄清有光泽是有活力的好泥鳅。

❸ 鱼身呈青色

鱼身呈青色，鱼皮上有透明黏液，且呈现出光泽的是鲜活的泥鳅。

不能买

❶ 眼睛凹陷

眼睛凹陷，鱼皮黏液干涩无光泽的，可能已经不新鲜了。

❷ 颜色发灰，受伤

颜色发灰、发白的泥鳅活力不足；受伤的泥鳅可能感染病菌。

● 安全处理

✳ **清洗**：取稍大的容器，加入清水，放入泥鳅、少许食盐，放置15分钟，捞出来。再放进盆里，加入适量的淀粉，搅匀，往盆里注入清水，用手搓洗泥鳅。将泥鳅捞起来，用清水冲洗干净，沥干水分即可。

● 正确保存

✳ **睡眠保鲜法**：活泥鳅用清水漂一下，捞起放进一个不漏气的塑料袋里（袋内先装一点点水），将袋口用橡皮筋或细绳扎紧，放进冰箱的冷冻室里冷冻，存放一段时间也不会死掉，只是呈冬眠状态。烹制时，取出泥鳅，放进一盆干净的冷水里，待冰块融化后，泥鳅会很快复活。

✳ **冰箱冷藏法**：死泥鳅保存时，一般置于冰箱冷冻室中保存即可，无特殊存储要求。

● 美味菜谱

泥鳅烧香芋

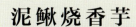
制作时间：8分钟　功效：益气补血

原料 芋头300克，泥鳅170克，姜片、蒜末、葱段各少许

调料 盐2克，鸡粉、生粉、生抽、食用油各适量

做法
1. 去皮的芋头切块；泥鳅去除内脏和污渍，洗净，加生抽、生粉腌渍。
2. 热锅注油烧热，倒入芋头块，用小火炸约1分钟，捞出。放入泥鳅，炸脆，捞出。
3. 锅底留油烧热，爆香姜片、蒜末、葱段，倒入少许温水拌匀，加少许生抽、盐、鸡粉，煮沸，倒入芋头，煮5分钟。
4. 倒入泥鳅，拌炒片刻，至其入味即可。

黄鳝

盛产期

| 1 |
| 2 |
| 3 |
| 4 |
| 5 |
| 6 |
| 7 |
| 8 |
| 9 |
| 10 |
| 11 |
| 12 |

（月份）

热量 83千卡/100克

放心买 ✓

❶ 体表光滑

体表光滑、黏液丰富无脱落，这样的黄鳝可放心买。

❷ 体表分布褐黑色大斑

买黄鳝要挑深色的，并且背部和两侧分布不规则褐黑色大斑的，这样的黄鳝肉紧有嚼劲。

❸ 有活力

健康的黄鳝手抓时感觉鳝体硬朗，并有较大的挣逃力量。

不能买 ✗

❶ 颜色呈浅青色

颜色呈浅青色，且身上斑点不太规则的鳝鱼，生长期较短，肉质不太好，不适合选购。

❷ 身体有伤

头部皮肤擦伤、腹部皮肤磨伤、身体有针叉眼等伤痕的不要购买。

❸ 死的

死的黄鳝身体有毒素。

● 安全处理

✳ **清洗**：从市场上买回的黄鳝，可采取去骨清洗法处理。用刀在黄鳝头部切一个小口，把剪刀插入小口，沿着腹部剪开，摘除内脏，洗净。将黄鳝背部朝上放置，用刀将身体拍平，翻面，用平刀从尾部开始片去骨头，冲洗干净即可。

● 正确保存

黄鳝最好现杀现烹，不要吃死黄鳝，特别是不宜食用死过半天以上的黄鳝。必要时，可采取以下保存方法：

✳ **冰箱冷藏法**：洗净，加入少许姜、盐，装入保鲜袋后，放入冰箱冷藏，可以维持一两天。

✳ **冰箱冷冻法**：将黄鳝洗净，加入少许姜、盐，装入保鲜袋后，用冷冻的方式保存可以维持一两个月。

● 美味菜谱

洋葱炒鳝鱼

制作时间：5分钟　功效：降低血压

原料 鳝鱼块200克，洋葱块100克，彩椒块55克，姜片、蒜末、葱段各少许

调料 盐3克，料酒16毫升，生抽10毫升，水淀粉、鸡粉、食用油各适量

做法 1.将切好的鳝鱼装入碗中，加入少许盐、料酒、水淀粉，拌匀腌渍。
2.沸水锅中倒入鳝鱼块，搅匀，捞出。
3.炒锅中倒油烧热，爆香姜片、蒜末、葱段，倒入彩椒块、洋葱块，炒匀。
4.放入鳝鱼，炒匀，淋入料酒、生抽、适量盐、鸡粉、水淀粉，炒匀即可。

Part

3

海水鱼类

海水鱼也叫咸水鱼，
主要是指产自热带地区的海鱼。
它们色彩特别艳丽，形状奇特，
很多又兼具食用和药用价值。

黄鱼

盛产期

| 1 |
| 2 |
| 3 |
| 4 |
| 5 |
| 6 |
| 7 |
| 8 |
| 9 |
| 10 |
| 11 |
| 12 |

（月份）

热量 100千卡/100克

放心买

❶ **眼发亮**

新鲜的鱼眼球凸起，黑白分明，表面发亮。

❷ **鳃紧闭**

鳃盖紧闭，不易抠开，鳃片鲜红带血，无黏液、无臭味的为新鲜鱼。

❸ **鱼嘴干净**

新鲜的鱼嘴比较干净，选购时可捏开嘴看一下。

不能买

❶ **鱼肉无弹性**

用手指按压鱼体，凹陷深缺乏弹性的则不新鲜。

❷ **尾巴较小**

尾巴较小的鱼可能受到污染。

❸ **鱼尾受损**

鱼尾、鱼鳍受损的鱼不适宜选购。

● 安全处理

* **清洗：** 将黄鱼的鱼鳞刮除，挖去鱼鳃，洗净。用刀在黄鱼腹部切一个小口，切开肠子和鱼身的连接处。用一双筷子从鳃壳边缘插入鱼腹，夹住内脏转搅，将内脏往外拉出来，冲洗。用手清理未完全清除的内脏，冲洗干净，沥干水分即可。

● 正确保存

去除内脏，清除干净后，用保鲜袋包好，再放入冰箱冷冻保存，可保鲜一两个月。

● 美味菜谱

醋椒黄鱼

制作时间：5分钟　功效：开胃消食

原料 净黄鱼350克，香菜段、姜丝、蒜末各少许

调料 盐3克，白糖6克，鸡粉、生抽、料酒、陈醋、食用油、水淀粉各适量

做法
1. 在黄鱼鱼身两面打上花刀，抹盐。
2. 锅中注油烧热，放入黄鱼，炸黄捞出。
3. 锅底留油，爆香姜丝、蒜末，淋入料酒、约100毫升清水、陈醋，搅拌匀。
4. 待汤汁沸腾后再加盐、白糖、鸡粉、生抽，放入黄鱼，煮2分钟，盛出。锅中留汤汁烧热，倒入少许水淀粉拌匀成稠汁，浇在鱼身上，撒上香菜段即成。

海水鱼类

鲅鱼

盛产期

热量 121千卡/100克

| 1 |
| 2 |
| 3 |
| 4 |
| 5 |
| 6 |
| 7 |
| 8 |
| 9 |
| 10 |
| 11 |
| 12 |

（月份）

放心买 ✓

❶ 肚子有弹性

鲜鲅鱼的肚子很有弹性，手指一按就会立刻恢复原状。

❷ 鱼皮紧实、完整

选鲜鲅鱼尽量挑选鱼皮完整紧实的，这种较新鲜，可存储时间稍微长些。

❸ 鱼眼不干瘪

新捕捞上来的鲅鱼，鱼眼湿润明亮，不会凹凸或者干瘪。

不能买 ✗

❶ 眼睛浑浊

眼睛浑浊的鲅鱼不新鲜，不适合选购。

❷ 肚子和肛门处破损

有的鲅鱼在肚子和肛门处会有破口，这不是捕捞时候挤破的，而是因为鲅鱼体内的细菌感染使其胀破的，不要贪便宜购买。

❸ 鱼皮发黄

这种鱼可能受到污染。

● 安全处理

✱ **清洗：** 从市场上买回的鲅鱼，先简单冲洗一下，切开鱼腹，将鱼的内脏清理干净。再去除两边鱼鳃的鳃丝，刮去鱼腹内的黑膜，用清水冲洗干净即可。

● 正确保存

✱ **冰箱冷藏保存法：** 鱼的内脏最容易腐烂，所以我们必须先将鲅鱼清洗干净，然后按照烹饪需要，分割成鱼头、鱼身和鱼尾等部分，抹干表面水分，分别装入保鲜袋，放入冰箱保存。一般冷藏保存，必须在两天之内食用完。

✱ **冰箱冷冻保存法：** 清洗干净，然后按照烹饪需要，分割成鱼头、鱼身和鱼尾等部分，抹干表面水分，分别装入保鲜袋，放入冰箱冷冻保存，可保持一两个月内不变质。

● 美味菜谱

五香鲅鱼

制作时间：2分钟　功效：增强免疫力

原料 鲅鱼块500克，面包糠15克，蛋黄20克，香葱、姜片各少许

扫一扫看视频

调料 五香粉5克，盐2克，生抽4毫升，鸡粉2克，料酒10毫升，食用油适量

做法 1.鲅鱼块加入五香粉、姜片、香葱、盐、生抽、鸡粉、料酒，腌渍。
2.拣出香葱，倒入蛋黄，搅拌均匀。
3.锅中倒入油烧热，将鱼块裹上面包糠，放入油锅中，炸至金黄色，捞出即可。

海水鱼类

带鱼

盛产期

| 1 |
| 2 |
| 3 |
| 4 |
| 5 |
| 6 |
| 7 |
| 8 |
| 9 |
| 10 |
| 11 |
| 12 |

（月份）

热量 132千卡/100克

放心买 ✓

❶ 鱼身灰白或银灰色

带鱼鱼身呈灰白色或银灰色是新鲜度较高的带鱼，可以购买。

❷ 鱼鳃鲜红

看鱼的鳃是否鲜红，越鲜红就越新鲜。

❸ 鳞片、鱼鳍完整

如果带鱼鳞片完整，脊背上的鳍受损较少，是较为新鲜的带鱼。

不能买 ✗

❶ 眼球下陷

如果眼球下陷，眼球上有一层白蒙就是次的。

❷ 鱼鳞脱落

掉落的银鳞越多，说明带鱼被倒腾的次数越多，这样的带鱼已经不够新鲜了，不宜购买。

● 安全处理

✳ **清洗：** 从市场上买回的带鱼，可采取汆烫清洗法处理。将带鱼洗净，烧一锅开水，放入带鱼，烫约45秒钟，捞出，放入装有清水的盆内，搓洗净白膜。用剪刀将鱼肚剪开，把里面的内脏和黑膜清理干净，剪去鱼头、鱼鳍、尾部，冲洗一下即可。

● 正确保存

将带鱼清洗干净，擦干，剁成大块，抹上一些盐和料酒，再放到冰箱冷冻，这样就可以长时间保存，并且还能腌渍入味。建议用冰块封存，温度控制在−7℃～0℃，温度太低会破坏带鱼的营养结构，太高了冰块会融化。

● 美味菜谱

糖醋带鱼

制作时间：3分钟　功效：防癌抗癌

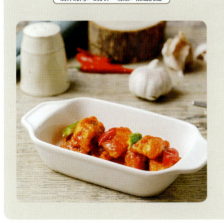

原料 带鱼200克，蛋黄30克，青椒片、红椒片各15克，蒜末10克

调料 番茄汁15克，盐、白糖、料酒、白醋、生粉、食用油各适量

做法
1.处理干净的带鱼切段；取碗，放入适量白醋、白糖、番茄汁、盐，调成糖醋汁。
2.带鱼加少许盐、料酒、生粉，腌渍。
3.热锅注油烧热，倒入带鱼段，炸至断生，下青椒片、红椒片，炸片刻，捞出。
4.锅留油，爆香蒜末，注入少许清水、糖醋汁煮沸，倒入炸过的食材，炒匀即可。

海水鱼类

沙丁鱼

盛产期

热 量 89千卡/100克

| 1 |
| 2 |
| 3 |
| 4 |
| 5 |
| 6 |
| 7 |
| 8 |
| 9 |
| 10 |
| 11 |
| 12 |

（月份）

放心买

❶ 身上有淡蓝色的光泽

新鲜的沙丁鱼全身都有淡蓝色的光泽。

❷ 鱼身较硬

要选择鱼身较为坚硬的，这样的沙丁鱼新鲜度高。

❸ 斑点明显

如果身上的斑点足够清晰，那么说明沙丁鱼够新鲜。

不能买

❶ 身上呈黑色

如果沙丁鱼身上呈现黑色，且暗淡无光，说明沙丁鱼已经不新鲜了。

❷ 斑点模糊

如果斑点开始变模糊，则不新鲜，不适宜购买。

● 安全处理

✳ **清洗：** 从超市买回的鲑鱼，一般是切成块的，可以采用纯净水冲洗法。切记不要用自来水冲洗，否则会改变鱼肉的味道。正确的做法是用纯净水进行冲洗，然后沥干，用厨房纸吸干表面油脂即可。

● 正确保存

✳ **冰箱冷藏法：** 放在0℃～4℃的冰箱中保存，再次食用前取出即可。

✳ **冰箱速冻法：** 可以保存在-20℃的冰柜里。要烹煮之前，将鲑鱼放在冷藏库中慢慢解冻，不要在室温下或用热水解冻，以免流失鲜味，影响肉质。

● 美味菜谱

鲑鱼泡菜铝箔烧

制作时间：15分钟　功效：防癌抗癌

原料 鲑鱼250克，韭菜段60克，泡菜、白洋葱丝、红椒丝、葱花、白芝麻各适量

调料 生抽5毫升，料酒5毫升，白胡椒粉2克，盐2克，辣椒酱、椰子油各适量

做法 1.处理干净的鲑鱼斜刀切成片。

2.碗中放入盐、白胡椒粉、料酒、生抽、辣椒酱、鲑鱼片、泡菜、韭菜段、白洋葱丝拌匀，淋入椰子油，搅拌匀。

3.锡纸中倒入拌好的料，折成纸锅，放入锅，注入2厘米高的清水，焖12分钟，取出，撒上葱花、白芝麻、红椒丝即可。

海水鱼类

鲈鱼

❶ **鱼身呈流线形**

上等鲈鱼鱼身呈流线形，溜长圆润。

盛产期	热量
1	105千卡/100克
2	
3	
4	
5	
6	
7	
8	
9	
10	
11	
12	
（月份）	

❷ **重750克左右**

大小以750克为好，太小没多少肉，太大肉质太粗糙。

❸ **身体呈青色**

上等鲈鱼身体呈青色，鱼鳞紧贴鱼身、有光。

 **不能买** ✘

❶ **眼睛浑浊**

若一侧眼或双眼角膜部分或全部白浊，为眼部受损伤的鱼，不适合购买。

❷ **肚子鼓胀**

线条不流畅，肚子鼓胀的鲈鱼，可能喂了很多饲料，不宜选购。

❸ **头大尾小**

头大尾小，脊椎、尾脊弯曲僵硬，这种鱼被污染了。

● 安全处理

✳ 清洗： 从市场上买回的鲈鱼从鱼尾向鱼头将鱼鳞去除，洗净。用刀在肛门上方约1厘米处横切一刀，将两根筷子由鳃口伸入鱼腹中，转动筷子的同时朝外拉动，将鱼鳃和内脏绞出，将鱼放在水龙头下冲洗干净即可。

● 正确保存

✳ 冰箱冷藏法： 去除内脏、清洗干净，擦干水分，用保鲜袋包好，放入冰箱冷藏，需在2天内食用完。

✳ 冰箱冷冻法： 去除内脏、清洗干净，擦干水分，用保鲜袋包好，放入冰箱冷冻，则可保存一两个月，但味道不如新鲜的好。

● 美味菜谱

泰式青柠蒸鲈鱼

制作时间：20分钟　功效：益气补血

原料 鲈鱼200克，青柠汁80毫升，蒜末、青椒圈各7克，朝天椒圈8克，香菜少许

调料 盐2克，鱼露、香草浓浆、食用油各适量

做法 1.处理好的鲈鱼两面划上数道一字花刀，撒盐，涂抹均匀，腌渍10分钟。

2.将盘子放入电蒸锅，隔水蒸8分钟。

3.青椒圈加朝天椒圈、蒜末、青柠汁、香草浓浆、鱼露、香菜，拌成调味汁。

4.从蒸锅中取出蒸盘，淋上调味汁。

5.热锅注油，烧热，将热油浇在鱼身上，摆上装饰的柠檬片即可。

海水鱼类

比目鱼

盛产期

| 1 |
| 2 |
| 3 |
| 4 |
| 5 |
| 6 |
| 7 |
| 8 |
| 9 |
| 10 |
| 11 |
| 12 |

（月份）

热量 78千卡/100克

放心买 ✓

❶ 身体较透明

黏液较少，呈透明状的比目鱼比较新鲜，可以购买。

❷ 眼睛清澈

眼睛略凸，眼球黑白分明。

❸ 鱼身湿润

新鲜比目鱼，鱼身较湿润，有光泽。

不能买 ✗

❶ 有病斑、鱼鳞脱落

鱼鳞脱落较多，或者有病斑的比目鱼不适合购买。

❷ 鱼身无光泽

不新鲜的比目鱼，肌肉稍显松软，鱼身没有光泽。

● 安全处理

✳ **清洗：** 将比目鱼的鳞片用刀刮除，冲洗干净，将鱼腹切开，用手掏内脏，将内脏清理干净，将鱼放在流水下冲洗干净即可。

● 正确保存

✳ **冰箱冷藏法：** 在清理干净的鱼身上抹一些盐和料酒，然后再放入冰箱，冷藏可保存2天。

✳ **冰箱冷冻法：** 在清理干净的鱼身上抹一些盐和料酒，然后再放入冰箱，冷冻可保存一两个月。

● 美味菜谱

比目鱼蔬菜卷

制作时间: 20分钟　功效: 降低血压

| 原料 | 净比目鱼1条，金针菇80克，胡萝卜、豆角各适量 |

原料 净比目鱼1条，金针菇80克，胡萝卜、豆角各适量

调料 盐2克，辣椒粉5克，食用油适量

做法
1. 金针菇切去根部，入水浸泡2分钟，捞出；净比目鱼洗净，去骨，鱼肉切片。
2. 胡萝卜洗净，去皮，切成丝；豆角洗净，摘成段。
3. 鱼肉片上放上豆角、金针菇、胡萝卜丝，卷起，放入蒸锅，蒸15分钟取出。
4. 锅中注油烧热，放入盐、辣椒粉，炒匀，淋在比目鱼肉卷上即可。

鳕鱼

盛产期

热量 166千卡/100克

| 1 |
| 2 |
| 3 |
| 4 |
| 5 |
| 6 |
| 7 |
| 8 |
| 9 |
| 10 |
| 11 |
| 12 |

（月份）

放心买

❶ 肉质粗糙

质量好的鳕鱼肉质粗糙、纤维质较多，这点表现为加热后沿着筋可以将鱼肉分离。

❷ 表面水汽不重

表面水汽不重的才是好的鳕鱼，不然鱼肉会发胀，味道差。

❸ 鱼肉较透明

新鲜的生鳕鱼鱼肉较透明，颜色与樱花颜色相近。

不能买

❶ 鱼身有霜

如果有霜，则说明该鳕鱼是解冻过后再冷冻的，味道较差。

❷ 颜色偏白

颜色偏黄或者偏白，或者表面开始变干的，存放时间较长，不宜选购。

❸ 价格过低

可能是油鱼冒充的，人体难以消化。

● 安全处理

✻ **清洗**：从市场上买回的鳕鱼，如果未经处理，可自己采取手撕清洗法处理。将鳕鱼放在流水下冲洗，用手将表皮撕干净，将鳕鱼冲洗干净，沥干水分即可。

● 正确保存

鳕鱼保存时，把盐撒在鱼肉上，然后用保鲜袋包起来，放入冰箱冷冻室，这样不仅可以去腥，抑制细菌繁殖，而且能增添鳕鱼的美味，可以保存一两个月。

● 美味菜谱

生烤鳕鱼

制作时间：18分钟　功效：清热解毒

原料 鳕鱼250克，蒜蓉辣椒酱20克，熟白芝麻5克

扫一扫看视频

调料 辣椒粉8克，孜然粉5克，食用油适量

做法 1.处理好的鳕鱼放在铺好锡纸的烤盘上。

2.备好电烤箱，放入烤盘，将上下管温调至150℃，烤10分钟取出。

3.往鳕鱼两面刷上食用油、蒜蓉辣椒酱、辣椒粉、熟白芝麻、孜然粉，然后放入电烤箱中。

4.关上箱门，以150℃，烤5分钟即可。

鳗鱼

盛产期

月份
1
2
3
4
5
6
7
8
9
10
11
12

（月份）

热量 146千卡/100克

放心买

❶ 鱼身略带蓝色

鳗鱼以鱼身柔软，且略带蓝色的为好。

❷ 重约200克为好

这种重量的鳗鱼，脂肪含量适中，口感很好。

不能买

❶ 鱼身受损

尾端脊肉受损、身体表面有伤痕的不宜选购。

❷ 有病斑

有病斑的鳗鱼不宜选购。

❸ 看产地

美国、欧洲部分地区的鳗鱼容易受污染。

● 安全处理

* **清洗：** 从市场上买回的鳗鱼，如果未经处理，可自己采取剖腹清洗法处理。用刀挖去鱼鳃，在鱼的颈部开刀口，将鱼腹剖开，放到流动水下，取出内脏，刮去黑膜，再用清水冲洗干净即可。

* **刀工：** 鳗鱼经过刀工处理后，便于烹饪入味，食用方便，常见的改刀法有切块、切段、切片。下面介绍切圆筒块。取一段洗净的鱼肉，从一侧开始切圆筒块，依次将鱼肉切成圆筒块状，将整段鱼肉切完即可。

● 正确保存

* **鳗鱼肉冰箱冷藏法：** 鳗鱼肉用保鲜袋包好，放入冰箱冷藏室，一般可保存一两天。

* **鳗鱼干冰箱冷冻法：** 将鳗鱼干横切两刀装入保鲜袋内，放进冰箱的冷冻室内，要吃时再取出，其余还是保存在冷冻室中，可保存一两个月，不会变质。

● 美味菜谱

蒲烧鳗鱼意面

制作时间：15分钟　功效：延缓衰老

原料 蒲烧鳗鱼150克，鸡蛋1个，意面100克，海苔丝、白芝麻各适量

调料 盐2克，胡椒粉、橄榄油、食用油各适量

做法
1.将蒲烧鳗鱼切块，撒上白芝麻，放入微波炉加热后取出，放入盘中。
2.锅中注油烧热，撒上少许盐，打入鸡蛋，煎成蛋皮，取出，切丝，放入盘。
3.锅中注水烧开，放入意面、少许盐，煮熟捞出，过冷水，捞出，沥干。
4.意面加胡椒粉、橄榄油拌匀，放入盘中，撒上海苔丝即可。

秋刀鱼

盛产期 **热量** 314千卡/100克

| 1 |
| 2 |
| 3 |
| 4 |
| 5 |
| 6 |
| 7 |
| 8 |
| 9 |
| 10 |
| 11 |
| 12 |

（月份）

放心买

❶ 鱼嘴的前端发黄

如果秋刀鱼鱼嘴的前端部位稍稍发黄，说明鱼肉肥厚，比较新鲜。

❷ 眼睛黑亮

挑选眼珠黑色明亮，水晶体饱满的秋刀鱼，如果鱼的眼睛偏黄浑浊，代表鱼已超过保鲜期。

❸ 腹部银色

秋刀鱼腹部银色的鱼皮部分，越银白闪亮的越新鲜，适宜购买。

不能买

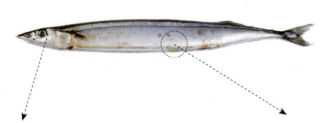

❶ 眼睛变红色

眼睛变成红色，且比较浑浊的秋刀鱼已经不新鲜了，不宜购买。

❷ 腹部变黄

秋刀鱼腹部银色的鱼皮部分如果泛黄，代表鱼肉已不新鲜，不要购买。

● 安全处理

✳ **清洗：** 用刀从秋刀鱼尾向头部将鱼鳞刮除，冲洗干净，剖开鱼腹，将鳃壳打开，摘除鱼的内脏。再把鱼鳃挖出，将黑膜冲洗掉，将鱼肉冲洗干净，沥干水分即可。

● 正确保存

✳ **冰箱冷藏法：** 将鱼用保鲜袋包好，放在冰箱冷藏室里，2天内尽快烹饪。

✳ **冰箱冷冻法：** 将鱼用保鲜袋包好，放在冰箱冷冻室里，则可以保存两个月甚至更久，但滋味与口感都会大打折扣。

● 美味菜谱

辣椒酱牛蒡大秋刀鱼

制作时间：5分钟　功效：增强免疫力

原料 牛蒡片100克，秋刀鱼250克，蒜末少许，生粉适量

调料 辣椒酱3克，盐、胡椒粉、生抽、料酒、椰子油、食用油各适量

做法 1.牛蒡片浸泡在白醋水中。

2.秋刀鱼切去头尾，鱼身切小段；捞出泡好的牛蒡片加生粉拌匀。

3.取碗，倒入适量椰子油、辣椒酱、生抽、料酒、蒜末，拌成调味汁。锅倒油烧热，放入秋刀鱼段，煎黄，倒入牛蒡片翻炒，加盐、胡椒粉、调味汁炒匀。

鲷鱼

盛产期 | **热　量**
112千卡/100克

| 1 |
| 2 |
| 3 |
| 4 |
| 5 |
| 6 |
| 7 |
| 8 |
| 9 |
| 10 |
| 11 |
| 12 |

（月份）

放心买

❶ 鱼鳃内侧为鲜红色
鱼鳃颜色越红，代表鱼越新鲜，可以购买。

❷ 体长30厘米
体长在30厘米左右的鲷鱼是最美味的。

❸ 透明感十足
如果是购买鱼块，则要注意购买鱼肉透明的。

不能买

❶ 身体发黑
身体发黑的鲷鱼一般是人工养殖的，想要买野生的鲷鱼需要看好这一点。

❷ 眼睛浑浊
眼睛浑浊的鲷鱼已经不新鲜，不要选购。

● 安全处理

＊ **清洗：**从市场上买回的鲷鱼用刀将鱼鳞刮除，将鱼鳞冲洗干净，把鳃丝挖出来。剖开鱼腹，掏空内脏，去除黑膜，用流水将鱼冲洗干净即可。

● 正确保存

＊ **冰箱冷藏法：**宰杀，清洗干净后，擦干水分，用保鲜袋包好，放入冰箱冷藏，可保存两天。

＊ **冰箱冷冻法：**宰杀，清洗干净后，擦干水分，用保鲜袋包好，放入冰箱冷冻，可保存一两个月，但味道不如新鲜的好。

● 美味菜谱

酸辣鲷鱼

制作时间：5分钟　功效：开胃消食

原料　鲷鱼300克，番茄丁、芹菜碎、小米椒圈、香菜、姜片、蒜末、葱段各少许

调料　盐2克，料酒、豆瓣酱、生抽、老抽、生粉、水淀粉、辣椒油、食用油各适量

做法　1.处理好的鲷鱼加入生抽、料酒、生粉，腌渍，入油锅，炸片刻，捞出。
2.油锅爆香姜片、蒜末、葱段，倒入番茄丁、小米椒圈、芹菜碎、料酒、清水、豆瓣酱、辣椒油，炒匀。
3.加入生抽、老抽、盐、鲷鱼、水淀粉，略煮，装盘，点缀上香菜即可。

海水鱼类

刀鱼

盛产期

热量 208千卡/100克

| 1 |
| 2 |
| 3 |
| 4 |
| 5 |
| 6 |
| 7 |
| 8 |
| 9 |
| 10 |
| 11 |
| 12 |

（月份）

放心买 ✓

❶ 看颜色

鱼体呈灰白色或银灰色，说明鱼新鲜。

❷ 眼睛明亮

眼珠明亮，水晶体饱满的刀鱼可以选购。

❸ 看外形

鱼体光滑、整洁，无病斑，鳍条完整。

不能买 ✗

❶ 看颜色

发黄是银白鳞的脂肪氧化，表明不新鲜。

❷ 染色刀鱼

用手指在鱼身上轻轻滑过，若沾上银色物质，很难洗掉，即为染色刀鱼。

● 安全处理

✳ 剖腹清洗法： 从尾部向头部刮去鳞片，挖出鱼鳃，用剪刀从口部至脐眼处剖开腹部，挖出内脏，用水冲洗干净。腹部的黑膜用刀刮一刮，再冲洗干净即可。

● 正确保存

✳ 食盐保存法： 将刀鱼清洗干净，擦干，剁成大块，抹上一些盐和料酒，再放到冰箱冷冻，这样就可以长时间保存，并且还能腌制入味。如不冷冻，则需尽快食用。

✳ 芥末保存法： 用芥末均匀地涂遍鱼身和鱼肚内部，然后把鱼装入保鲜袋并且扎紧袋口，放入冰箱，可以冷藏2天，不会变味。

● 美味菜谱

辣子鱼块

制作时间：3分钟　功效：美容养颜

原料 刀鱼块200克，青椒40克，胡萝卜、鲜香菇、泡小米椒、姜片、蒜末各少许

调料 盐2克，陈醋10毫升，白糖4克，生抽、水淀粉、豆瓣酱、生粉、食用油各适量

做法 1.泡小米椒切碎；胡萝卜洗净切片；青椒去籽切块；香菇洗净去蒂，切小块。
2.刀鱼块加生抽、盐、生粉拌匀，入油锅炸黄捞出；锅留油，放姜片、蒜末、泡小米椒碎、胡萝卜片、香菇块、豆瓣酱炒香。
3.放入鱼块、清水、生抽、陈醋、盐、白糖炒匀，再放入青椒、水淀粉炒匀即可。

虾

盛产期

1
2
3
4
5
6
7
8
9
10
11
12

（月份）

热量 98千卡/100克

放心买

❶ 眼睛黑且圆

眼睛又圆又黑的虾比较有活力。

❷ 虾身透明

新鲜的虾身体应该通体透明，有光泽。

❸ 虾身弯曲

新鲜的虾头尾与身体紧密相连，虾身有一定的弯曲度。

不能买

❶ 头部发黑

头部已经发黑的虾已经不新鲜了，不宜购买。

❷ 眼睛脱落

眼睛又瘪又小或者眼睛脱落的虾已经不新鲜了，不适宜选购。

❸ 虾身很脆

这种虾经过浸泡处理，不安全。

● 安全处理

✳ **清洗：** 从市场上买回的虾，可自己采取牙签去肠清洗法处理。用剪刀剪去虾须、虾脚、虾尾尖。在虾背部开一刀，用牙签挑虾线，将虾线挑干净，放在流水下冲洗，沥干水分即可。

● 正确保存

✳ **虾肉的保存：** 洒上少许酒，沥干水分，再放入冰箱冷冻。

✳ **活虾干法保存：** 把鲜虾从水中捞出，放入到黑色塑料袋中，多装几层塑料袋。再找些冰块，用塑料袋包好，一同放入装有鲜虾的袋中，将袋口封严并装入纸箱内。此法适用于短时少量保存，8小时以内虾不会变质。

● 美味菜谱

茶香香酥虾

制作时间：8分钟　功效：补钙

原料　鲜虾1包，乌龙茶20克，红椒、葱花、蒜末各适量

调料　盐2克，淀粉10克，食用油适量

做法　1.将鲜虾处理好；乌龙茶用开水冲泡，滤去茶汤，将茶叶倒入容器中，倒入淀粉，搅拌均匀；红椒切块。

2.平底锅中注油烧热，倒入处理好的虾，中火将虾炸至红色，捞出。

3.锅底留油烧热，倒入红椒块、葱花、蒜末，炒香，再放入茶叶、大虾，炒匀，调入盐，翻炒数下，关火即可。

虾蟹贝类

螺

盛产期

热量 137千卡/100克

| 1 |
| 2 |
| 3 |
| 4 |
| 5 |
| 6 |
| 7 |
| 8 |
| 9 |
| 10 |
| 11 |
| 12 |

（月份）

放心买 ✓

❶ 螺盖完整

新鲜螺个大、体圆、壳薄，螺盖完整。

❷ 螺壳呈淡青色

螺壳呈淡青色，色泽均匀，壳无破损，无肉溢出。

❸ 轻压螺盖有弹性

挑选时用小指尖往螺盖上轻轻压一下，有弹性的就是活螺。

不能买 ✗

❶ 轻压螺盖无弹性

轻压螺盖，没有反应的就是死螺，不适合购买。

❷ 壳破损

如果螺壳不完整，有肉溢出，则不适宜选购。

● 安全处理

✳ **清洗：** 从市场上买回的螺，可以采用淀粉清洗法清洗
处理。用剪刀将田螺的尾部剪掉，将麻油倒入装田螺
的碗里，加入淀粉、适量的清水，用手抓洗一会儿，
将田螺捞起，冲洗一下，沥干即可。

● 正确保存

✳ **活海螺保存法：** 活海螺的保存要求非常高，只能用海水来养，海水浓度在3.5%左右，误差为
0.2%，否则就会死。

✳ **冰箱冷冻法：** 要把田螺用开水煮熟，开水中加点姜片，等田螺肉完全冷却后再放进冰箱里
面，放在急冻层，这样才能多保存几天，一般3天左右没有问题。当然，田螺肉还是新鲜的
好吃。

● 美味菜谱

口味螺肉

制作时间：5分钟　功效：清热解毒

原料 田螺肉300克，紫苏叶40克，干辣椒、
八角、桂皮、姜片、蒜末、葱段各少许

调料 盐3克，生抽、料酒、豆瓣酱、辣椒酱、
食用油各适量

做法 1.紫苏叶切碎。
2.锅中注水烧开，放入田螺肉，加入适量
料酒，拌匀，煮沸，捞出。
3.用油起锅，放入葱段、姜片、蒜末、干
辣椒、八角、桂皮、紫苏叶，炒香。
4.倒入田螺肉炒匀，放入适量豆瓣酱、生
抽、辣椒酱、料酒、盐炒匀即可。

虾蟹贝类

蛏子

盛产期　热量　40千卡/100克

| 1 |
| 2 |
| 3 |
| 4 |
| 5 |
| 6 |
| 7 |
| 8 |
| 9 |
| 10 |
| 11 |
| 12 |

（月份）

放心买 ✓

❶ 外壳金黄、肉色淡黄

肉要色泽淡黄，外壳最好选择金黄色的，这种蛏子新鲜又好吃。

❷ 自由开合

买蛏子的时候最好用手触摸一下蛏子，能自由开合的新鲜。

❸ 表面光滑、无泥沙

蛏子表面要光滑，不能有沙子，否则壳子里也会有很多沙子。

不能买 ✗

❶ 表面粗糙、多泥沙

蛏子表面如果泥沙较多，说明内部泥沙也较多，这种蛏子难处理。

❷ 壳紧闭

壳一直紧紧闭着的蛏子要注意，可能已经死了很久，不新鲜了。

● 安全处理

✳ **清洗：** 从市场上买回的蛏子有大量泥沙，可采取油盐清洗法处理。将活的蛏子放在大碗中，撒上适量盐，注入少许油、适量清水，抓洗片刻，静置20分钟。将蛏子滤出，逐个剥开，冲洗两三次。锅中加半锅清水，烧开，将蛏子放入沸水中氽烫一会儿，捞起后沥干即可。

● 正确保存

✳ **清水静养法：** 蛏子买回家后，放在清水中浸泡，反复换水，可保持半天至一天鲜活状态。

✳ **冰箱冷冻法：** 如果需要保存较长时间，则要在蛏子死之前将其装进保鲜袋，放入冰箱冷冻室，一般可以保证3天内鲜度不失。

● 美味菜谱

雪菜汁蒸蛏子

制作时间：22分钟　功效：清热解毒

原料　蛏子400克，雪菜汁160毫升

扫一扫看视频

做法　1.取一个蒸碗，放入处理干净的蛏子，摆放整齐。

2.再倒入适量雪菜汁，至三四分满，备用。

3.蒸锅上火烧开，放入蒸碗，盖上盖，用中火蒸约20分钟，至食材熟透。

4.关火后揭盖，取出蒸碗，待稍微放凉后即可食用。

蚬子

热量 43千卡/100克

盛产期

| 1 |
| 2 |
| 3 |
| 4 |
| 5 |
| 6 |
| 7 |
| 8 |
| 9 |
| 10 |
| 11 |
| 12 |

（月份）

放心买

❶ 重的更好

捞几个蚬子掂一掂，如果拿在手里比较沉，说明蚬子肉质肥厚，适宜选购。

❷ 张合自如

轻轻触碰张口的蚬子，如果能迅速闭口，说明蚬子新鲜。

❸ 吐出肉

先看蚬子的外壳，壳面有光泽，色泽正，并且有部分吐出肉说明新鲜。

不能买

❶ 都是张着口，要警惕

蚬子通常都是闭口的，如果在蚬子摊位前看大量蚬子都是张着口的，说明不太新鲜。

❷ 反应迟缓

轻轻触碰张口的蚬子，如果反应较慢，也说明不太新鲜。

❸ 避开酸洗过的

不选蚬壳特别光滑、金黄的，这种是用酸洗过的。

● 安全处理

✳ **盐水清洗法：** 先用流水冲洗几遍，确保蚬子外面没有泥沙，再放入清水中浸泡约2小时，可适当加点盐，使蚬子吐沙，之后再捞起，冲洗沥干即可。

● 正确保存

活蚬不能直接放冰箱里冻，否则蚬肉会缩水，也不怎么鲜了。

✳ **冰箱冷冻法：** 先不要洗，取一个可以装水的塑料盒子（或者盆），把吃不完的蚬子放到盒子里，加水没过它们，然后放冰箱冷冻层里冻着就可以了。吃之前解冻，会很鲜。用此法可以保存3天。

● 美味菜谱

西兰花拌蚬子

制作时间：10分钟　功效：健脑

原料	西兰花150克，蚬子200克，圣女果适量
调料	盐、生抽、米醋、食用油各适量
做法	1.将蚬子处理好，放入水中浸泡捞出。 2.西兰花切小朵；圣女果对半切开。 3.锅中注入适量的清水烧开，放入少许盐、食用油、西兰花，煮至熟，捞出。再倒入蚬子，煮熟后捞出，加少许盐、生抽、米醋拌匀。 4.把拌好的蚬子与西兰花、圣女果拌匀，装入盘中即可。

牡蛎

盛产期　**热量** 73千卡/100克

1
2
3
4
5
6
7
8
9
10
11
12

（月份）

放心买

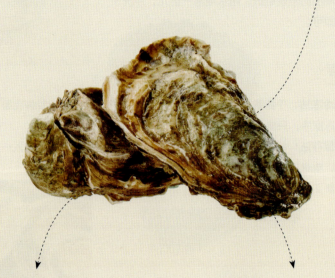

❶ 一面壳鼓起

要挑其中一面壳是鼓起来的，鼓起来的这一面越饱满，里面的蚝肉就会越肥嫩新鲜。

❷ 看闭合

轻轻触碰微微张口的牡蛎，如果能迅速闭口，说明牡蛎新鲜。

❸ 手感重

捞几个牡蛎掂一掂，如果拿在手里比较沉，说明牡蛎肉质肥厚。

不能买

❶ 两面都比较平

如果牡蛎的壳两边都比较平，说明肉少，不宜选购。

❷ 韧带处泛白

如果牡蛎韧带处泛黄或者发白，则不新鲜。

❸ 腥味过重

只有海水受到污染，生长在里面的牡蛎才会有令人生厌的腥气。

● 安全处理

✳ **清洗：** 先用流水清洗干净牡蛎的外表面，之后放入盐水中浸泡，使之吐出杂质，再用刀撬开牡蛎壳，之后用清水清洗干净即可。

● 正确保存

新鲜的牡蛎在温度很低的情况下，还可以多存活3天。可以将未洗的牡蛎装入保鲜袋，放进冰箱冷冻，能保存3天，但是其肥度就会降低，口感也会变差，所以尽量不要存放，现买现吃为好。

● 美味菜谱

韭黄炒牡蛎

制作时间：2分钟　功效：美容养颜

原料 牡蛎肉400克，韭黄段200克，彩椒条50克，姜片、蒜末、葱花各少许

调料 生粉15克，生抽8毫升，鸡粉、盐、料酒、食用油各适量

做法 1.牡蛎肉加料酒、鸡粉、盐、生粉拌匀。
2.沸水锅中倒入牡蛎肉，略煮，捞出。
3.热锅注油烧热，放入姜片、蒜末、葱花，爆香，倒入余好的牡蛎肉，炒匀。
4.淋入生抽，炒匀，再倒入适量料酒，炒匀，放入彩椒条、韭黄段，翻炒，加入少许鸡粉、盐，炒匀调味即可。

北极贝

盛产期 **热量** 264千卡/100克

| 1 |
| 2 |
| 3 |
| 4 |
| 5 |
| 6 |
| 7 |
| 8 |
| 9 |
| 10 |
| 11 |
| 12 |

（月份）

放心买 ✓

❶ 颜色深红
肉色红一些，新鲜又好吃。

❷ 看产地
产地标明加拿大的才是正规的北极贝，肉质鲜嫩。

❸ 手感清爽
不发黏、没有酸味的北极贝更加新鲜。

不能买 ✗

❶ 红色较浅
这种存放过久，不是那么新鲜。

❷ 手感发黏
这种弹性差，存放太久。

❸ 看产地
产地标明是朝鲜的，有可能是马贝，肉质没有那么好。

● 安全处理

✳ **开边清洗法**：北极贝是在捕捉45分钟后即在捕捞船上加工烫熟并急冻，消费者无需专门加工即可食用的食物。如果不喜欢吃内脏，将其自然解冻，开边，切开成对称的两片，去内脏，再用清水清洗干净即可。

● 正确保存

✳ **冰柜冷冻法**：不宜保存，建议即买即食。如果一次吃不完，则可将其清洗干净后用保鲜袋装好，直接放在冰柜的冷冻室里，以-18℃保存，可以存放一两个月，但口感会略差。

● 美味菜谱

北极贝蒸蛋

制作时间：13分钟　功效：增强免疫力

原料	北极贝60克，鸡蛋3个，蟹柳55克
调料	盐2克，鸡粉少许

扫一扫看视频

做法
1.将蟹柳切片，再切丁。
2.把鸡蛋打入碗中，搅散，再注入适量清水，加入少许盐、鸡粉，倒入蟹柳丁，快速搅拌匀，制成蛋液。
3.取一蒸碗，倒入蛋液。蒸锅上火烧开，放入蒸碗，盖上盖，蒸约6分钟，揭盖，放入北极贝，再蒸约5分钟即可。

Part

5

其他水产

河、海中还有很多生物可供我们食用。
其中有些姿态优美，比如海蜇；
有些寿命很长，比如乌龟；
有些名字里有"鱼"字，却跟鱼无关，比如鱿鱼。
这些形形色色的生物，
是水产的重要组成部分。

墨鱼

盛产期

1	
2	
3	
4	
5	
6	
7	
8	
9	
10	
11	
12	

（月份）

热量 83千卡/100克

放心买 ✓

❶ 鱼身呈茶褐色

新鲜的墨鱼全身呈茶褐色，颜色通透有光泽，并且肉质也更加有弹性。

❷ 鱼须完整

看墨鱼的鱼须是否完整。要买鱼须完整的墨鱼，这样的墨鱼，保存得较好。

❸ 眼睛黑白分明

和鱼一样，墨鱼的挑选也要看眼睛，要选眼珠饱满隆起，黑白分明的。

不能买 ✗

❶ 鱼身不透明

新鲜度下降的墨鱼身体表面没有光泽，会比较浑浊，变成白色。

❷ 鱼须不完整

看墨鱼的鱼须是否完整，不完整的墨鱼可能保存得不好，不要购买。

● 安全处理

* **清洗：** 从市场买回的墨鱼，可自己采取淀粉清洗法处理。撕掉墨鱼的表皮，将墨鱼的鱼骨拉出，把内脏和眼睛摘除后冲洗干净。再将墨鱼切成块，加入一勺淀粉，倒入适量清水，浸泡10分钟，放在水龙头下冲洗干净即可。

● 正确保存

* **墨鱼干保存：** 墨鱼干应放在冰箱储存。如果没有冰箱，或冰箱装不下，可挂在窗台、阳台或通风的地方，或用白纸包起来保存。
* **鲜墨鱼保存：** 新鲜墨鱼可以去除表皮、内脏和墨汁后，清洗干净，用保鲜袋包好，放入冰箱冷藏室，两天内需食用完。或者放入冷冻室，可保存较长时间。

● 美味菜谱

荷兰豆百合炒墨鱼

制作时间：2分钟　功效：增强免疫力

原料 墨鱼400克，百合90克，净荷兰豆150克

调料 盐3克，鸡粉、白糖、料酒各少许，水淀粉4毫升，芝麻油3毫升，食用油适量

做法
1.处理好的墨鱼须切段，身子片成片。
2.沸水锅中加少许食用油、盐，倒入荷兰豆、百合，煮至断生捞出。再倒墨鱼，煮片刻捞出。
3.锅注油烧热，倒入墨鱼、料酒，翻炒，倒入荷兰豆、百合，加入盐、白糖、鸡粉、水淀粉、芝麻油，炒匀即可。

鱿鱼

盛产期

热量 313千卡/100克

| 1 |
| 2 |
| 3 |
| 4 |
| 5 |
| 6 |
| 7 |
| 8 |
| 9 |
| 10 |
| 11 |
| 12 |

（月份）

放心买 ✔

❶ 300克左右为好

新鲜鱿鱼不是越大越好，以单条300～400克为佳，这样的鱿鱼，肉质好。

❷ 鱼身紧密相连

鱼身有层膜还有黏性，眼部清晰明亮，鱼头与身体连接紧密，不易扯断。

❸ 鱼身呈淡褐色且透明

新鲜鱿鱼色泽光亮，呈淡褐色，微透明。

不能买 ✕

❶ 纯白色不要买

纯白色的鱿鱼一般都是用漂白剂漂白过的，看起来很漂亮，但对身体有害。

❷ 黑色无光泽不要买

不新鲜的鱿鱼无光泽，表面白霜过厚，背部呈黑红色或霉红色。

❸ 触角微勾

如果触角尖端呈现小小弯钩状，就是用了药的，要避免购买。

● 安全处理

✳ **清洗：** 将鱿鱼放入盆中，注入清水清洗一遍，取出鱿鱼的软骨，剥开鱿鱼的外皮，将鱿鱼肉取出后洗净。先清理鱿鱼的头部，然后剪去鱿鱼的内脏，最后去掉鱿鱼的眼睛以及外皮，再用清水冲洗干净，沥干即可。

● 正确保存

✳ **通风储存法：** 干鱿鱼应该放在干燥通风处，一旦受潮应该立即晒干，否则易生虫、霉变。

✳ **冰箱冷冻法：** 将鲜鱿鱼去除内脏和杂质，洗净，擦干水分，用保鲜袋包好，放入冰箱冷冻室保存，可以保存一周。

● 美味菜谱

干煸鱿鱼丝

制作时间：15分钟　功效：益气补血

原料 鱿鱼200克，猪肉300克，青椒圈30克，红椒圈、蒜末、干辣椒、葱花各少许

调料 盐3克，料酒8毫升，生抽5毫升，鸡粉、辣椒油、豆瓣酱、食用油各适量

做法 1.猪肉入沸水锅中煮10分钟，去除油脂，捞出。猪肉、鱿鱼均切条。

2.鱿鱼条加盐、鸡粉、料酒腌渍。再将鱿鱼放入沸水锅中煮至变色，捞出。

3.起油锅，放入猪肉条、生抽、干辣椒、蒜末、豆瓣酱、红椒、青椒炒匀，放入鱿鱼，以及盐、辣椒油、葱花，炒匀。

章鱼

盛产期

热量 135千卡/100克

| 1 |
| 2 |
| 3 |
| 4 |
| 5 |
| 6 |
| 7 |
| 8 |
| 9 |
| 10 |
| 11 |
| 12 |

（月份）

放心买 ✓

❶ 肢体完整

新鲜的章鱼肢体完整，身体无残缺，体表无斑块。

❷ 腿部要粗

章鱼的腿越粗，肉质越好。

❸ 有弹性

新鲜的章鱼有弹性，用手轻轻按压，可以快速恢复。

不能买 ✗

❶ 表皮干枯、暗红

如果皮肤呈现浑浊暗淡的红色，则代表不新鲜。

❷ 无弹性

用手轻轻按压，不能恢复的，就是存放时间过久的章鱼。

● 安全处理

✳ **清洗：** 清洗时，应先撕掉表皮，剥开背皮，拉掉灰骨。然后取一容器，多放些清水，将其放入其中，在水中将其头和内脏一起拉出来。再在水中挖掉眼珠，使之流尽墨汁，冲洗干净即可。在挖眼珠时要注意，其眼中含有大量墨汁，很容易溅出弄脏衣服，在水中操作可以避免这个问题。

● 正确保存

✳ **冰箱冷藏法：** 将章鱼内脏、皮膜清除，用水冲洗干净，并擦干水分，用保鲜袋包裹，放入冰箱中冷藏，可保存两三天。

● 美味菜谱

辣炒章鱼

制作时间：30分钟　功效：益气补血

原料 章鱼450克，洋葱丝100克，青辣椒圈、红辣椒圈、面粉、蒜末、葱末、姜末各适量

调料 盐6克，食用油13毫升，生抽6毫升，辣椒粉14克，辣椒酱19克

做法 1.章鱼对半切开，将头翻过来，用水冲洗掉内脏与眼睛，用盐、面粉揉干净。

2.碗中放入葱末、姜末、蒜末、辣椒酱、生抽、辣椒粉拌匀，成调味酱料。

3.锅注油烧热，爆香洋葱丝，放章鱼炒香，加入调味酱料、青辣椒圈、红辣椒圈，炒匀即可。

乌龟

盛产期	热量 120千卡/100克
1	
2	
3	
4	
5	
6	
7	
8	
9	
10	
11	
12	
（月份）	

放心买 ✓

❶ 无病斑

颜色亮的，身上没有白色病斑，没有凹陷。

❷ 体形完整

龟壳完整圆滑，指甲健全，没有断甲、断尾。

❸ 活力足

把乌龟翻过身，背部朝下，腹部朝上，能迅速把身体翻正的就是健康乌龟。

不能买 ✗

❶ 活力差

拿起乌龟，用手扯它的四肢，很容易被扯动的乌龟不健康。

❷ 有化学物气味

可能经过工业用双氧水浸泡，不利身体健康。

❸ 有伤痕

这种乌龟受到的伤害大。

● 安全处理

✻ 清洗： 拿一根筷子挑逗乌龟来咬，它咬住后就不会松口，此时用刀、斧子一类的利器，迅速把伸出来咬住筷子的脑袋砍掉，用盆接住流出来的血，然后去壳、去内脏，洗净即可。

● 正确保存

如果买回家的活乌龟一时不用于烹饪，可用能装水的容器来饲养、保存。饲养乌龟的用水，不宜过多、过深，一般只需两三厘米，与龟背持平即可。

● 美味菜谱

百合红枣乌龟汤

制作时间：122分钟　功效：养心润肺

原料	乌龟肉300克，红枣、百合、姜片、葱段各少许
调料	盐2克，鸡粉2克，料酒5毫升
做法	1.锅中注水烧开，倒入乌龟肉，淋入少许料酒，余去血水，捞出，剥去乌龟的外壳。 2.砂锅中注水烧热，倒入红枣、姜片、葱段、乌龟肉，煮90分钟。 3.倒入百合，续煮30分钟，加入少许盐、鸡粉，搅拌均匀即可。

扫一扫看视频

海带

盛产期 **热量** 23千卡/100克

| 1 |
| 2 |
| 3 |
| 4 |
| 5 |
| 6 |
| 7 |
| 8 |
| 9 |
| 10 |
| 11 |
| 12 |

（月份）

放心买

❶ 表面白霜多

白霜便是甘露醇，很有营养，所以有白霜的是好海带，没有的则质量不好。

❷ 褐绿、土黄色

褐绿色或者土黄色的海带是比较正常的。

不能买

❶ 翠绿色

翠绿色的海带可能是经过添加色素浸泡而成的，消费者在选择时要特别注意。

❷ 白霜少

如果没有或者是很少白霜，说明是陈年旧货，最好不要买。

● 安全处理

✳ 清洗： 鲜货海带直接用清水清洗即可。若是干货，可自己采取淘米水清洗法处理。将海带放进淘米水中，浸泡15分钟左右，用手揉搓清洗海带，再将海带放在流水下冲洗干净，沥干水分即可。

● 正确保存

✳冰箱冷冻法： 将一时吃不完的海带沥干水，每几张铺在一起卷成卷，放在保鲜袋上卷起来，放冰箱中冷冻保存，吃的时候只要拿出一卷化冻就可以直接使用了。此法可保存3天，但口感度和营养会有所下降，所以还是建议即泡即烹即食。

● 美味菜谱

棒骨海带汤

制作时间：60分钟　功效：增强免疫力

扫一扫看视频

原料	斩成小段的猪棒骨500克，海带100克，姜片、葱段各适量
调料	盐、白醋各适量
做法	1.将海带切成细丝，放入碗中。 2.锅中注水烧开，放入备好的猪棒骨，余一下水，捞出。 3.锅中注水，放入猪棒骨、姜片、葱段，煮一会儿。 4.再放入海带丝，调入盐、白醋，调味，煮至水沸腾后，续煮片刻即可。

紫菜

盛产期

热 量 250千卡/100克

| 1 |
| 2 |
| 3 |
| 4 |
| 5 |
| 6 |
| 7 |
| 8 |
| 9 |
| 10 |
| 11 |
| 12 |

（月份）

放心买 ✔

❶ 有光泽

有光泽的紫菜比较新鲜。

❷ 有清香

好的紫菜是有一丝清香味的。

❸ 无空洞

厚薄均匀，无明显的小洞与缺角，保存好。

不能买 ✗

❶ 颜色发黑

这种紫菜可能是陈年紫菜，问题多。

❷ 纸擦有油

为防止陈紫菜用食用油涂抹后冒充新紫菜，可用纸巾擦一下，有油迹的是陈紫菜。

❸ 一捏就散

密度较小的紫菜质量较差。

● 安全处理

* **清洗：** 没有标明是免洗紫菜的最好要洗好才能煮，因为非免洗紫菜中可能含有大量泥沙。紫菜泡入水中就会散开，成碎末状。如果用广口的容器进行清洗，紫菜会连同脏水一起被倒出来。这个时候，就可以把紫菜放入漏勺中，泡开后进行冲洗，方便捞出。

● 正确保存

* **新鲜紫菜保存：** 新鲜的紫菜需要提前晒干，然后再用真空袋装起来，放入冰箱冷藏保存。
* **紫菜干保存：** 包装打开了的紫菜干不宜放入冰箱，要放入密封食品袋中，放到低温干燥的地方保存。主要是因为紫菜比较容易返潮变质，而冰箱中低温潮湿，开了包装的紫菜再放入冰箱中，就很可能会出现变质的情况。

● 美味菜谱

紫菜笋干豆腐煲

制作时间：17分钟　功效：增强记忆力

原料	豆腐150克，笋干粗丝30克，虾皮10克，水发紫菜5克，枸杞5克，葱花2克

扫一扫看视频

调料　盐、鸡粉各2克

做法
1. 豆腐切片。
2. 砂锅中注水烧热，倒入笋干，放入虾皮、豆腐片，拌匀。
3. 加入适量盐、鸡粉，加盖，用大火煮15分钟，揭盖，倒入枸杞、紫菜，加入盐、鸡粉，拌匀，关火后盛出煮好的汤，装在碗中，撒上葱花点缀即可。